공부가 재미있어지는

교과서 속담

공부가 재미있어지는

교과서 속담

오주영 글 | 이소 그림

은하수
미디어
EUNHASOOMEDIA

차례

1 지혜를 담은 속담

가는 말이 고와야 오는 말이 곱다

돌다리도 두들겨 보고 건너야 한다

되로 주고 말로 받는다

말 한마디에 천 냥 빚도 갚는다

발 없는 말이 천 리 간다

세 살 버릇 여든까지 간다

소 잃고 외양간 고친다

쏟아진 물이다

천 리 길도 한 걸음부터

가는 말이 고와야 오는 말이 곱다

"야, 못난이 똥벼락, 오늘은 어째 더 못생겨 보인다. 어디 가냐?"

이런 말을 들으면 부글부글 화가 나겠지요? 화가 나니 고운 말이 나올 수 없을 거예요. 그러니 상대를 비꼬거나 기분 나쁘게 하는 말로 대답하겠지요.

"학원 간다, 꽝머리 빼빼. 너 어제 수학 시험 빵점 받았지?"

이렇게 하다 보면 말을 하는 사람과 듣는 사람 모두 기분이 나빠질 거예요.

살아가면서 하는 모든 행동과 말은 메아리처럼 나에게 돌아와요. 남에게 좋게 말하고 행동하면 남도 나에게 좋게 대하고, 남에게 나쁘게 말하고 행동하면 남도 나에게 나쁘게 대하지요. "가는 말이 고와야 오는 말이 곱다."는 이런 세상의 이치를 알려 주는 속담이에요.

 존중은 왜 중요한가요?

"가는 말이 고와야 오는 말이 곱다."라는 말은 "내가 남을 존중할 때, 남도 나를 존중한다."라는 존중의 원칙을 담고 있어요. 사람들은 누구나 존중받기를 원해요. 우리는 다른 사람들이 나의 가치를 인정하고, 나의 감정과 생각을 알아줄 때 존중받는다고 느끼지요. 그렇다면 존중을 받으려면 어떻게 행동해야 할까요? 내가 먼저 상대방을 귀하게 여기고 존중해야 한답니다.

공자는 다음과 같은 말을 남겼어요.

"자기 자신을 존중함과 같이 남을 존중하라."

나 자신을 존중하듯 다른 사람을 존중하며 살아간다면 세상은 한층 더 아름다워질 거예요.

> **비슷한 속담**
>
> **가는 떡이 커야 오는 떡이 크다**
> 작은 떡을 주고 큰 떡을 바라는 것은 소용없어요. 이웃에게 정을 듬뿍 담아 큰 떡을 주면, 이웃도 그만큼 정을 담아 큰 떡을 주지요. 남에게 말이나 행동을 좋게 해야만 남도 나에게 똑같이 하는 법이랍니다.

돌다리도 두들겨 보고 건너야 한다

똥구야, 삼촌이 이걸 사 주셨어!

헤 헤

같이 만들자. 여기 조립 설명서 있어.

이미 조립해 본 나에게 설명서 따위는 필요 없단다.

히힛

내 로봇이랑 같은 거네? 나는 어제 조립했는데.

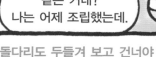

돌다리도 두들겨 보고 건너야 한다고 했잖아. 설명서 보면서 하자.

한 번 해 봐서 머릿속에 다 들어 있다니까. 나만 믿어.

헉

어

그렇군! 이건 변신 로봇이었어!

으아앙!

이게 뭐야? 설명서 한 번 더 보자고 했잖아!

이럴 리가 없는데, 분명 어제랑 똑같이 조립했는데….

그럴 리가 없잖아!

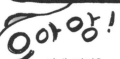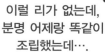

어느날 갑자기 멀쩡해 보이던 다리가 무너지기도 하고, 튼튼해 보이던 건물이 부서지기도 해요. 세상에는 절대로 일어날 것 같지 않은 일이 가끔 벌어지고는 한답니다. 그러니 아무리 튼튼한 돌다리라고 해도 무너지지 않을 거라고 안심할 수는 없어요. 두들겨 보고 조심하는 지혜가 필요하지요.

"돌다리도 두들겨 보고 건너야 한다."는 우리가 아무리 잘 아는 일이라도 신중하게 확인하고 조심해서 실수를 피하라는 뜻의 속담이랍니다.

 상식 신중함은 왜 필요한가요?

돌다리도 두들겨 보고 건너는 사람을 우리는 '신중한 사람'이라고 해요. 신중한 사람은 함부로 행동하지 않아요. 그 행동이 옳은지 아닌지 깊이 생각한 다음 움직이지요. 신중한 사람은 말도 함부로 하지 않아요. 대화를 할 때에도 알맞은 말인지 늘 생각하며 한답니다. 신중한 사람은 어떤 일이든 한 번 더 생각하고 판단해서 조심스럽게 행동으로 옮기기 때문에 말이나 행동에 실수가 적어요.

반대로 허둥지둥 급하게 행동하는 사람은 툭하면 실수를 하지요. 말실수를 해서 싸우기도 하고, 성급한 행동으로 사람들의 눈살을 찌푸리게 만들기도 해요.

"세 번 생각한 다음에 행동하라."라는 말이 있어요. 신중하게 생각하고 행동한다면, 살아가면서 하게 될 수많은 실수를 줄일 수 있답니다.

> **비슷한 속담**
>
> **식은 죽도 불어 가며 먹어라**
> 식은 죽도 혹시 뜨거울 수 있으니 불면서 식혀 먹으라는 말이에요. 틀림없을 것 같은 일이라도 잘 알아보고 조심해서 행하라는 뜻이랍니다.

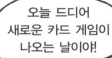 지혜

되로 주고 말로 받는다

오늘 드디어 새로운 카드 게임이 나오는 날이야!

오늘을 위해 용돈을 모아 뒀지. 빨리 사러 가자.

여기서 뭐 해?

무슨 일 있어?

아~ 너희들 이구나.

학원에 참고서 사 가야 하는데 돈을 깜박했어. 집에 갔다 오면 늦는데.

혹시 돈 있으면 빌려 줄래?

안 돼! 새 카드 게임 사야 돼.

내가 빌려 줄게. 난 내일 사도 돼.

고마워. 내일 꼭 돌려줄게!

다음 날

어제 고마웠어. 여기 빌린 돈이야. 그리고 어제 새 카드 게임이 생겼는데, 난 이거 안 하니까 너 줄게.

엥?

이야~ 안 그래도 되는데, 고마워. 이거, 되로 주고 말로 받았는걸?

어제 빌려 주지 못한 내가 미워! 우어엉

"되로 주고 말로 받는다."라는 속담의 뜻은 "조금 주고 그 대가로 몇 갑절을 받는다.", "한 개 주고 열 배로 많이 받는다."라는 뜻이에요. 어째서 열 배냐고요? '되'와 '말'은 쌀을 세는 단위예요. 되는 나무로 된 네모난 바가지인데, 예전에는 쌀 같은 곡식을 되로 헤아려 셌답니다. 열 되가 한 말이었지요.

이 속담은 좋을 때도 쓰고 나쁠 때도 써요. 이웃에게 사과 한 알을 선물하고 배 한 상자를 선물 받으면 좋아하며 "와, 되로 주고 말로 받는다더니!" 하고 말해요. 하지만 친구를 한 번 꼬집었다가 친구에게 수십 군데 꼬집히면 투덜대며 "에이, 되로 주고 말로 받았잖아!" 하고 말한답니다.

상식 나눔으로 커지는 마음

되로 주고 말로 받을 수 있는 가장 멋진 방법은 '나눔'이에요. 나누는 일은 생각만큼 어렵지 않아요. 용돈의 일부를 기부하는 것도 좋은 나눔이고 집안일을 돕는다든지, 동생과 놀아준다든지, 준비물을 안 가져온 친구에게 빌려 준다든지 하는 것도 모두 근사한 나눔이랍니다.

나눔을 한다고 해서 눈에 보이는 열 배의 선물이 당장 눈앞에 나타나지는 않아요. 그렇지만 내 마음이 나도 모르는 새 더 커지고, 깊어지고, 넉넉해진답니다. 인도에서 봉사하는 삶을 살았던 마더 테레사는 한 어린이집의 벽에 시 한 편을 붙여 놓았어요. 이 시의 마지막 구절은 다음과 같답니다.

"네가 가진 최고의 것을 주어라. 물론
그것은 결코 충분하지 않을 것이다.
그래도 최고의 것을 주어라."

비슷한 속담

한 되 주고 한 섬 받는다
한 되가 열이 모여 한 말이 되고, 한 말이 열이 모여 한 섬이 돼요. 이 속담은 하나를 주고 백 배로 많이 받는다는 뜻이랍니다.

말 한마디에 천 냥 빚도 갚는다

18세기 조선 시대에 한 냥은 지금으로 치면 약 4만 원쯤 되었어요. 그러니 천 냥이면 4천만 원 정도의 큰돈이었지요. 이 속담은 말 한마디에 천 냥의 값어치가 담길 수 있음을 알려 주는 속담이에요. 말 한마디를 잘하느냐 못하느냐에 따라 천 냥이 왔다갔다할 수 있으니, 말을 잘하는 게 얼마나 중요한지 알 수 있겠지요? "말 한마디에 천 냥 빚도 갚는다."라는 속담에는 말을 잘하면 도저히 안 될 것 같은 일도 해결할 수 있다는 지혜가 담겨 있답니다.

 말에 힘이 담겨 있다고요?

내가 친구에게 장난감을 하루 빌려 줬는데, 친구가 그 장난감을 잃어버렸다고 상상해 보세요. 친구가 "야, 쩨쩨하게. 그까짓 장난감 가지고 뭘 그러냐?" 하고 도리어 큰소리를 친다면 어떨까요? 속상하고 친구가 무척 미워 보일 거예요. 반대로 친구가 "정말 미안해. 네가 장난감을 빌려 줘서 굉장히 기뻤는데, 잠깐 한눈 판 사이에 잃어버렸지 뭐야." 하고 말한다면 기분이 덜 상하고 친구도 덜 밉게 느껴질 거예요.

긍정적인 말에는 우리의 몸과 마음을 건강하게 만들어 주는 힘이 담겨 있어요. 친절한 말, 고운 말, 좋은 말, 따뜻한 말 등 긍정적인 마음으로 하는 말은 상대의 기분을 풀어 주고 즐겁게 만들어 주지요. 말을 하는 자신도 즐거워지고요. 긍정적인 말은 이처럼 하는 사람과 듣는 사람 모두에게 기쁨을 선물한답니다.

비슷한 속담

말 한마디가 대포알 만 개도 당한다
말 잘하는 것이 대포알 만 개만큼이나 큰 힘을 가진다는 뜻이에요.

발 없는 말이 천 리 간다

소문의 힘은 정말 대단해요. 무심코 한 말이 금세 이 사람 입에서 저 사람 귀로, 저 사람 입에서 또 다른 사람 귀로 옮겨 간답니다.

"발 없는 말이 천리 간다."는 소문이 얼마나 빨리 퍼지는지 알려 주는 속담이에요. 우리가 하는 말은 비록 발이 없어도 천 리나 되는 먼 거리까지도 순식간에 퍼져 나가므로, 늘 말을 조심해야 한다는 뜻이지요. 참, 천 리는 약 400킬로미터 정도인데, 서울에서 울산까지의 거리쯤 된답니다.

 소문에 대처하는 지혜가 있다고요?

요즘은 발 없는 말이 1초 만에 약 100만 리까지 갈 수 있어요. 전화기, 휴대전화, 인터넷 등으로 지구 반대편에 있는 사람에게도 즉시 소식을 전할 수 있는 시대이니까요. 인터넷에 들어가면 "이렇다더라, 저렇다더라." 하는 '~라더라' 소문투성이지요. 그런데 남에 대한 소문이라면 웃어넘길 수 있지만, 나를 둘러싼 엉터리 소문이 돌면 견디기 어려워요.

나에 대한 잘못된 소문이 돌 때에는 어떻게 해야 할까요? 성급하게 "아니야!" 하고 화를 내며 팔짝팔짝 뛴다고 해결될까요?

소문이 돌 때 가장 먼저 할 일은 '혹시라도 내가 남들의 오해를 살 만한 행동을 하지는 않았을까?' 하고 되돌아보며 마음을 진정하고 스스로 반성하는 거예요. 누군가 나의 행동이나 말을 오해하고 소문을 냈을 수 있으니까요. 그런 다음 주변 사람들을 한 사람씩 끈기 있게 이해시켜 오해를 풀어 나가야 한답니다.

비슷한 속담

한 입 건너고 두 입 건넌다
소문이 이 사람에게서 저 사람에게로 점차 널리 퍼진다는 뜻이에요.

세 살 버릇 여든까지 간다

지혜

또 손톱 물어뜯네. 좀 고쳐. 세 살 버릇 여든까지 간다잖아.

잘근잘근

걱정 마. 나 세 살 땐 손톱 안 물어뜯었어.

어유, 어렸을 때 든 나쁜 버릇은 죽을 때까지 간다는 말이야. 너 할아버지 될 때까지 맛도 없는 손톱 물어뜯을래?

맞아. 손톱은 맛도 없는데, 난 왜 계속 물어뜯고 있지?

긁적긁적

그래! 결심했어! 버릇을 고쳐 보는 거야!

이히힝~

이러면 할아버지가 돼서도 맛있는 사탕을 계속 빨아 먹을 수 있겠지.

슈파

....

버릇은 오랫동안 자꾸 되풀이해서 몸에 배어 버린 행동이에요. 주로 나쁜 습관을 가리킬 때 많이 쓴답니다. 씻지 않는 버릇, 거짓말하는 버릇, 어지르는 버릇, 늦잠 자는 버릇, 미루는 버릇 등 나쁜 버릇이 한 번 몸에 배면 오랫동안 계속되지요.

그래서 "세 살 버릇 여든까지 간다."라는 속담이 생겨났어요. 어렸을 때 버릇이 잘못 들면 늙어 죽을 때까지 고치기 어려우니, 어려서부터 나쁜 습관이 들지 않도록 주의해야 한다는 뜻이에요.

 나쁜 습관을 없앨 수 있다고요?

좋은 습관은 좋은 인생을 만들어요. 나쁜 습관은 나쁜 인생을 만들지요.

우리는 나쁜 습관이 어떤 것인지 잘 알아요. 자주 하는 행동 가운데 바람직하지 않은 것, 그만두어야 하는 것은 다 나쁜 습관이에요. 그런데 나쁜 습관은 쉽게 버릴 수가 없어요. 몸에 배어 있다 보니 자기도 모르게 자꾸 되풀이하게 되거든요.

나쁜 습관을 없앨 생각만 하지 말고, 그 나쁜 습관과 반대되는 좋은 습관이 무엇인지 생각해 보세요. 그리고 그 습관이 몸에 배도록 노력해 보세요. 예를 들어, 어지르는 나쁜 습관이 있다면 정리하는 좋은 습관이 들도록 날마다 연습하는 거예요. 매일매일 꾸준히 실천하다 보면 나쁜 습관 대신 좋은 습관이 우리 몸에 배게 되지요. 좋은 습관은 우리를 성공한 인생으로 이끌어 주는 지도와 같답니다.

> **비슷한 속담**
>
> **낙숫물은 떨어지던 데 또 떨어진다**
> 처마 끝에서 떨어지는 물이 떨어지던 곳에 계속 떨어지듯, 몸에 밴 나쁜 버릇은 쉽게 고치기 어렵다는 뜻이에요.

소 잃고 외양간 고친다

옛날에는 집 옆에 붙어 있는 외양간에서 소를 키웠어요. 소는 쟁기를 끌며 논밭을 갈아 주었고, 무거운 짐을 실은 수레도 끌어 주었어요. 가난한 농사꾼에게는 소 한 마리가 가장 귀한 재산이었답니다.

그런데 자물쇠가 고장 난 외양간을 당장 고치지 않고 하루 이틀 뒤로 미루다가 소를 도둑맞는다면 어떨까요? 마치 하늘이 무너지는 것 같을 거예요. "소 잃고 외양간 고친다."라는 속담의 뜻은 다음과 같아요. 일을 그르친 뒤에 뉘우치는 것은, 소를 도둑맞은 뒤에 자물쇠가 고장 난 외양간 고치는 것과 같다! 그러니 미리미리 대비해라!

 준비성은 왜 필요할까요?

1592년 왜구가 쳐들어와 임진왜란이 일어나자, 소 잃고 외양간 고칠 뻔한 조선을 구한 영웅은 누구일까요? 바로 이순신 장군이에요. 이순신 장군은 나라가 평화로울 때에도 매일같이 무예를 쌓고 병법을 읽으며 강한 장수가 되기 위해 노력했고, 거북선을 만들어 언제 일어날지 모를 전쟁에 대비했어요. 덕분에 임진왜란 때 왜구를 물리치고 위기에 빠진 조선을 구해 낼 수 있었답니다.

평소에 대비하고 준비해야 어떤 일이 닥쳤을 때 잘해낼 수 있어요. 훌륭한 연설가는 연설 전에 미리 달달달 연설을 외워요. 또 훌륭한 운동선수는 시합이 없을 때에도 연습을 게을리하지 않지요. 준비하는 사람만이 기회를 잡을 수 있다는 것을 잘 알고 있으니까요.

> **비슷한 속담**
>
> **도둑맞고 사립문 고친다**
> 사립문은 나뭇가지를 엮어서 만든 문짝이에요. 도둑맞은 뒤 사립문을 고치느라 수선을 떤다는 뜻으로, 일이 잘못된 뒤에는 손을 써도 소용이 없음을 비꼬는 속담이에요.

쏟아진 물이다

깨진 컵은 도로 붙일 수 없어요. 마찬가지로 쏟아진 물은 주워 담을 수 없지요. 세상에는 되돌릴 수 있는 일보다 되돌릴 수 없는 일이 훨씬 많아요.

"쏟아진 물이다."라는 속담은 일단 저지른 일은 원래 상태로 되돌릴 수 없다는 뜻이에요. 한 번 뱉은 말은 주워 담을 수 없고, 한 번 한 행동은 돌이킬 수 없지요. 우리는 실수를 할 때마다 후회를 하며 산답니다.

 ## 실수를 줄이는 지혜가 있다고요?

사람은 누구나 실수를 해요. 작은 실수는 웃어넘길 수 있지요. "다음에는 그러지 말아야지." 하고 반성할 수도 있고, "미안해." 하고 사과할 수도 있어요. 그렇지만 커다란 실수는 사과 한마디로 돌이킬 수 없답니다.

큰 실수를 줄이기 위해서는 어떻게 해야 할까요? 가장 좋은 방법은 말이나 행동을 하기 전에 한 번 더 생각하는 거예요. 화가 난다고 버럭 소리 지르는 대신 한 번 더 생각하고 말해 보세요. 또 급하다고 후다닥 행동하는 대신 한 번 더 생각하고 행동해 보세요.

중요한 일일수록 '이렇게 하는 게 옳을까?', '다른 방법은 없을까?', '지금 화를 내면 후회하지 않을까?' 하고 곰곰이 생각해 보세요. 한 번 더 생각하는 일은 '쏟아진 물'이 될지 모를 여러분의 실수를 줄여 줄 거예요.

비슷한 속담

쏘아 놓은 살이요 엎지른 물이다
한 번 쏘아 버린 화살을 되돌릴 수 없고 엎지른 물을 도로 담을 수 없듯, 한 번 저지른 일은 다시 고치거나 멈출 수 없다는 뜻이에요.

천 리 길도 한 걸음부터

책을 한 권 떼려면? 첫 줄부터 읽어야 해요. 영어를 잘하려면? 알파벳부터 배워야 해요. 저축 왕이 되려면? 작은 돈이라도 먼저 저축을 시작해야 해요. 이처럼 아무리 큰일도 처음에는 작은 일부터 시작돼요. '천 리 길도 한 걸음부터'라는 속담은 무슨 일이든 시작하는 것이 중요하다는 뜻이에요. 천 리나 되는 먼 길도 처음 떠날 때에는 한 걸음을 떼는 것부터 시작하지요. 이처럼 무슨 일이든 일단 시작을 해야 하고, 조금씩 쌓아 나간 것이 모여 큰 성과를 내게 된답니다.

 끈기가 있으면 발전할 수 있다고요?

"언제 한 걸음씩 걸어서 천 리까지 가? 그냥 그만둘래."

이러면서 맡은 일을 팽개쳐 버리지는 않았나요? 우리 인생은 참 길어요. 지금 당장은 티도 안 나는 작은 일 같지만, 꾸준히 하다 보면 차근차근 발전해서 큰일을 이룰 수 있어요. 발명왕 에디슨은 전구를 만들 때 전구에 맞는 필라멘트를 만들기 위해 실험하고 또 실험했어요. 필라멘트는 전구에 불을 밝혀 주는 가느다란 금속 선이에요. 에디슨은 무려 1,000여 번이나

▲백열전구 속의 필라멘트

실험을 거듭한 끝에 어둠을 환히 밝히는 전구를 만들어 냈지요. 만약 에디슨이 중간에 실험을 그만두었다면 전구를 발명할 수 있었을까요? 영국의 화가 조슈아 레이놀즈는 이렇게 말했어요.

"너에게 큰 재능이 있으면 끈기가 그 재능을 키워 줄 것이요, 보통의 능력만 있다면 끈기가 그 모자람을 채워 줄 것이다."

끈기는 우리를 발전하게 해 주는 힘이랍니다.

비슷한 속담

만 리 길도 한 걸음으로 시작된다
만 리나 되는 먼 길을 가는 것도 한 걸음을 떼는 일에서 시작되듯, 아무리 큰일도 작은 일로부터 시작된다는 말이에요.

27

2 행동을 나타낸 속담

가다 말면 아니 가느니만 못하다

눈에는 눈, 이에는 이

달걀로 바위 치기

똥 묻은 개가 겨 묻은 개 나무란다

뛰는 놈 위에 나는 놈 있다

미운 아이 떡 하나 더 준다

생일에 잘 먹으려고 이레를 굶을까?

열 번 찍어 아니 넘어가는 나무 없다

우는 아이 젖 준다

세상에는 중간에 가다 마는 사람들이 많이 있어요. "저축 왕이 될 거야." 하고 당당하게 외쳐 놓고는 저축은 않고 흐지부지 용돈을 써 버리기도 하고, "살을 뺄 거야." 하고 결심하고는 일주일도 안 되어 포기하기도 해요. 이렇게 가다 말 거면 괜한 시간 낭비만 한 꼴이 되므로, 아니 가느니만 못해요.

"가다 말면 아니 가느니만 못하다."라는 속담은 어떤 일을 하다가 도중에 그만두려면 처음부터 하지 않는 편이 낫다는 뜻을 가지고 있어요.

 목표를 세우고 나아가라고요?

"가다 말면 아니 가느니만 못하다."를 뒤집어 말하면 "한 번 가기로 했으면 끝까지 가야 한다."가 되어요. 가야 할 목표가 있다면 끝까지 노력해야 하고, 끝까지 노력하기 위해서는 우선 그럴 만한 목표를 세워야 하지요.

목표를 세우는 일은 얼마나 중요할까요? 미국의 하버드 대학교에서 실시한 조사에 따르면 대학교에 다닐 때 분명한 목표가 있었던 16퍼센트의 사람들은, 그렇지 않았던 84퍼센트의 사람들보다 나중에 성공한 인생을 살고 있었다고 해요. 뚜렷한 목표 덕분에 길을 잃지 않고 앞으로 나아간 결과이지요.

목표는 인생의 나침반이자 등대와 같아요. 여러분도 목표를 세우세요. 그리고 목표를 이루기 위해 끝까지 나아가세요!

비슷한 속담

칼을 뽑으면 그대로 집에 꽂지 않는다
칼을 뽑았으면 흐지부지 칼집에 꽂아 넣지 말고, 뭐라도 자르고 도로 꽂아야 한다는 말이에요. 즉, 뭔가 시작했으면 어떤 결실이라도 얻은 뒤에 그만두어야 한다는 뜻이지요.

눈에는 눈, 이에는 이

‘눈에는 눈, 이에는 이’라는 속담은 "당한 만큼 똑같이 갚는다.", 즉 "네가 나에게 해를 입히면 나도 너에게 똑같이 해를 입히겠다."라는 뜻을 가지고 있어요.

눈을 멍들게 한 사람이 있으면 그 사람의 눈을 똑같이 멍들게 만들 것이요, 마음을 아프게 한 사람이 있으면 그 사람의 마음도 똑같이 아프게 만들겠다는 말이랍니다.

 ## 나쁜 행동이 나쁜 결과를 부른다고요?

내가 먼저 친구를 때려 눈을 멍들게 한 다음, 그 친구에게 똑같이 맞아 눈이 멍든다면 누구 잘못일까요? 이 모습을 지켜본 사람들은 이렇게 말할 거예요.

"쯧쯧, 그러니까 왜 먼저 친구를 때리니?"

"인과응보야. 쟤도 잘못했지만 네가 먼저 잘못했어."

인과응보는 원인과 결과가 서로 밀접하게 관계가 있다는 뜻이에요. 즉, 좋은 일에는 좋은 결과가, 나쁜 일에는 나쁜 결과가 따른다는 뜻이지요. 내가 남을 아프게 하면 언젠가 나도 누군가에게 아픈 일을 겪게 되어요. 남을 화나게 하는 행동은 나쁜 결과를 부르고, 남을 친절하게 돕는 행동은 좋은 결과를 부르지요. 내가 행한 나쁜 행동이 언젠가 나에게 그대로 돌아올 수 있음을 잊지 마세요.

> ### 비슷한 속담
> **떡으로 치면 떡으로 치고, 돌로 치면 돌로 친다**
> 말랑말랑한 떡으로 자기를 아프지 않게 친 사람에게는 그만큼 잘 대하고, 딱딱한 돌로 아프게 친 사람에게는 그만큼 나쁘게 대한다는 말이에요.

달걀로 바위 치기

히잉!

한눈팔지 말고 문제 풀어!

오늘 옆 동네랑 자존심을 건 축구 한 판이 벌어지는데…. 제 별명이 지성똥구라고요!

문제집을 다 풀어 놓았으면 나갈 수 있었을 텐데 안타깝구나.

어휴

으, 엄마 때문에 우리 동네 축구가 발전을 못 하는구나.

달걀로 바위를 치면 어떻게 되지?

정답! 정답! 달걀이 산산조각 나요!

딩동댕! 우리 똥구는 달걀, 엄마는 바위!

아무리 떼써도 소용없어. 그래 봤자 달걀로 바위 치기야.

헉! 대마왕~

달걀로 아무리 바위를 쳐도 바위는 쪼개지지 않아요. 문제 풀어.

우잉~ 달걀 미워! 바위도, 엄마도 미워!

힝

34

달걀은 조그만 충격에도 껍데기에 금방 금이 가요. 딱딱한 벽에 톡 부딪히기만 해도 쉽게 깨져 버리지요. 그런데 달걀로 단단한 바위를 치면 어떻게 될까요? 결과는 뻔해요. 바위는 멀쩡하고 달걀만 부서질 거예요.

'달걀로 바위 치기'는 아주 약한 것이 굳고 단단한 것에 맞서면 이기지 못하고 자기만 부서지게 된다는 뜻이에요. 아무리 맞서도 도저히 이길 수 없는 경우가 있다는 것을 알려 주는 속담이지요.

▲달걀

 무모한 행동이 실패를 부른다고요?

'달걀로 바위 치기'는 용기한 행동일까요, 무모한 행동일까요? 달걀로 바위를 치는 게 어렵고 두려운 일이라는 것을 알고 있다면 용기 있는 행동이 되고, 달걀로 바위를 깰 수 있을 거라고 막연히 믿고 무작정 덤빈다면 무모한 행동이 된답니다.

용기는 두려움에 굴복하지 않고 위험에 맞설 수 있는 힘이에요. 어떤 일이 겁나고 두려운 일임을 알면서도 두려움을 이겨 내고 앞으로 나아가는 힘이지요. 반면에 무모함은 모를 때 생겨요. 눈앞에 닥친 일이 얼마나 두려운 일인지 모르고 아무런 준비 없이 무작정 "잘될 거야."라며 행동하지요. 그 때문에 무모한 행동은 종종 실패를 불러요.

여러분은 무모한 사람인가요, 용기 있는 사람인가요?

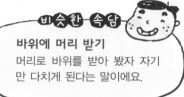
비슷한 속담
바위에 머리 받기
머리로 바위를 받아 봤자 자기만 다치게 된다는 말이에요.

똥 묻은 개가 겨 묻은 개 나무란다

똥 묻은 개가 더 더러울까요? 겨 묻은 개가 더 더러울까요? 물론 똥 묻은 개가 더 더러워요. 겨는 벼, 보리, 조 같은 곡식을 찧어 벗겨 낸 껍질을 통틀어 가리키는 말이에요. 겨는 지저분한 냄새도 안 나고 찐득찐득하지도 않아요. 하지만 똥은 냄새도 고약하고 여기저기 잘 묻지요. 그러니 똥 묻은 개가 겨 묻은 개를 더럽다고 나무랄 수는 없겠지요?

▲곡식의 빈 껍질인 겨예요.

이 속담은 자기는 더 큰 흉이 있으면서 그걸 모르고, 도리어 남의 작은 흉을 본다는 뜻을 가지고 있어요.

 비난한다고 잘못된 행동이 바뀔까요?

똥 묻은 개가 겨 묻은 개를 나무라든, 겨 묻은 개가 똥 묻은 개를 나무라든 누가 누구를 나무라는 행동은 무척 신중하게 해야 해요. 사람들은 흔히 자기가 한 잘못은 "잠깐 실수였어." 또는 "나는 그런 뜻이 아니었어." 하고 쉽게 덮어 버리면서도 남이 한 잘못에 대해서는 칼같이 나무라고 비난을 쏟아내곤 하지요. 그렇지만 비난은 상대의 기분을 나쁘게 만들 뿐, 상대의 행동을 좋은 쪽으로 바꾸지는 못해요.

상대가 정말 잘못된 행동을 한다면 "넌 이래서 문제야!" 하고 지적하는 대신, 애정을 담아 "이럴 때에는 이렇게 하면 좋겠어." 하고 부드럽게 알려 주세요. 애정 없는 비난은 기분을 상하게 할 뿐이지만, 애정 어린 충고는 상대의 행동을 좋은 쪽으로 바꾸어 놓는 마법 같은 힘을 발휘한답니다.

비슷한 속담

남의 흉 한 가지면 제 흉 열 가지
남의 흉이 한 가지라면 내가 가진 흉은 그보다 훨씬 많으니, 남을 흉보지 말라는 뜻이에요.

뛰는 놈 위에 나는 놈 있다

토끼도 빠르지만 사슴이 더 빠르고, 사슴보다 하늘을 나는 독수리가 더 빨라요. 사람도 마찬가지예요. 기는 사람보다 걷는 사람이 빠르고, 걷는 사람보다 뛰는 사람이 빨라요. 나는 사람이 있다면 당연히 뛰는 사람보다 더 빠르겠지요.

"뛰는 놈 위에 나는 놈 있다."라는 속담은 잘난 사람이 있으면 그보다 더 잘난 사람이 또 있다는 말이에요. 늘 자기보다 더 뛰어난 재주를 가진 이가 있으니 뽐내지 말아야 한다는 뜻이랍니다.

 자만하지 말고 자신 있게 행동하라고요?

자기 머리 위에 나는 사람 있는 줄 모르고 잘난 척하며 걷는 사람은 자만하는 사람이에요. 자만하는 사람은 스스로 뽐내며 다른 사람을 깎아내려요. 자기를 크고 멋지게 포장해 자랑하려고 하기 때문에 남에게 충고를 듣는 것을 싫어하고 반성도 할 줄 모른답니다. 자신감은 이런 자만과는 달라요. 자신감 있는 사람들은 다른 사람의 충고도 기꺼이 듣고, 실수가 있다면 반성하며 더 나은 사람이 되기 위해 노력할 줄 알지요.

우리에게 필요한 것은 무턱대고 자신이 최고라고 믿는 자만이 아니라, 자신에 대해 잘 알고 스스로를 믿는 자신감이에요. 당당하고 자신 있게 행동하는 사람은 다른 사람들의 마음을 끌어당기는 매력을 지닌답니다.

비슷한 속담

치 위에 치가 있다
'치'는 벼슬아치, 장사치 등 '사람'이라는 뜻으로 쓰이는 말이에요. 이 속담은 잘난 사람이 있으면 그보다 잘난 사람이 또 있다는 말이랍니다.

미운 아이 떡 하나 더 준다

친한 아이와 미운 아이가 옆에 있다면 보통은 친한 아이에게 더 잘하게 되지요. 미운 아이에게는 아무것도 해 주지 않거나 서먹하게 대하기 쉬워요. 하지만 그렇게 하면 미운 아이와는 사이가 더 벌어지고 감정도 나빠지게 된답니다.

"미운 아이 떡 하나 더 준다."라는 속담은 미운 사람일수록 더 친절히 대해야 그 사람의 마음을 상하지 않게 하면서 잘 지낼 수 있다는 뜻이에요.

 좋은 첫인상을 만드는 행동을 알아볼까요?

"미운 아이에게 떡 하나 더 준다고? 좋아, 난 미운 아이가 될 거야!"

혹시 이렇게 생각하는 친구가 있나요? 대부분의 사람들은 이왕이면 남에게 미움받지 않기를 바라지요. 누구나 좋아하는 사람은 못 되더라도, 괜히 미운 사람으로 보이고 싶지는 않으니까요. 그래서 사람들은 누군가를 처음 만날 때 좋은 첫인상을 주기 위해 노력한답니다.

좋은 첫인상을 주려면 밝게 웃으며 인사하는 것이 좋아요. 옷차림을 깨끗이 하고 단정하게 걷는 것도 도움이 되지요. 그리고 무엇보다 상대를 좋은 사람으로 여기는 마음가짐을 가져야 해요. 내가 '쟤는 별로야. 싫어.' 하고 생각하면, 상대도 금세 알아차리고 나를 싫어하게 되어요. 반대로 내가 상대를 좋은 사람으로 보면, 상대도 나를 좋아하게 된답니다.

비슷한 속담

미운 사람에게는 쫓아가 인사한다
밉다고 멀리할 게 아니라 미울수록 더 귀하게 여기는 마음을 가지고 먼저 인사하고, 먼저 웃어 주며 나쁜 감정을 쌓지 않도록 해야 한다는 말이에요.

생일에 잘 먹으려고 이레를 굶을까?

행동

42

나중에 한 번 잘 먹으려고 그전부터 쫄쫄 굶고 지낼 수는 없어요. 사람은 매일매일 밥을 먹어야 건강히 살 수 있으니까요. "생일날 잘 먹으려고 이레를 굶을까?"라는 속담은, 어떻게 될지도 모를 앞일을 미리부터 지나치게 기대하느라 현재의 일을 소홀히 하면 안 된다는 뜻이에요.

참, '이레'는 7일을 나타내는 우리말이에요. 1일은 하루, 2일은 이틀, 3일은 사흘……, 7일은 이레, 8일은 여드레, 9일은 아흐레, 10일은 열흘이지요.

 ## 성급한 행동이 나쁜 결과를 만든다고요?

생일날 잘 먹겠다고 미리 굶다가 생일상을 못 받게 되면 무척 속상하겠지요? 혹은 다음에 또 용돈을 받을 거라고 가지고 있는 돈을 미리 펑펑 썼다가, 용돈을 못 받아 준비물을 못 사게 되면 곤란할 거예요. 이처럼 성급한 행동은 나쁜 결과를 불러오기 쉬워요.

미국 항공 우주국 나사(NASA)에서도 성급하게 굴다가 커다란 실수를 저지른 적이 있어요. 인공위성을 발사하는 날짜가 가까워지자 마음이 급해져 좌표 계산을 잘못한 거예요. 그래서 수백만 달러를 들여 쏘아올린 인공위성이 제자리를 찾지 못하고 우주 저편으로 날아가 버렸답니다.

나쁜 결과를 줄이고 싶다면 행동하기 전에 항상 한 번 더 생각하세요.

'이렇게 행동하면 후회하지 않을까?'

이렇게 한 번 더 생각하는 것만으로도 성급한 행동을 줄일 수 있답니다.

> ### 비슷한 속담
> **새벽달 보려고 으스름달 안 보랴**
> 새벽달을 보겠다고 해질녘에 뜨는 초저녁달을 안 보겠느냐는 뜻이에요. 아직 일어나지 않은 미래의 일만 기대하기보다는 당장 해야 할 일부터 힘써야 한다는 말이랍니다.

열 번 찍어 아니 넘어가는 나무 없다

옛날에 우리 조상들은 도끼로 나무를 잘라 땔감을 마련했답니다. 아무리 커다란 아름드리 나무도 도끼로 찍고, 찍고, 또 찍으면 도끼날에 잘려 쓰러지게 마련이지요.

"열 번 찍어 아니 넘어 가는 나무 없다."는 도끼질을 여러 번 하면 아무리 큰 나무도 자를 수 있듯, 포기하지 않고 계속해서 노력하면 뜻대로 일을 이룰 수 있다는 뜻을 가진 속담이에요.

 같은 행동을 되풀이하면 기술이 된다고요?

나무꾼이 도끼로 나무를 자를 때 처음보다는 두 번째 찍을 때, 두 번째보다는 세 번째 찍을 때 더 도끼질에 능숙하지요.

'1만 시간의 법칙'이라는 말을 들어 본 적 있나요? 어느 분야에서든 뛰어난 수준의 전문가가 되려면 1만 시간의 연습이 필요하다는 말이에요. 천재 음악가 모차르트는 매일매일 피아노를 쳤어요. 또 천재 발레리노 니진스키는 하루도 거르지 않고 춤 연습을 했어요. 이들은 자기 분야를 사랑하는 연습 벌레였기에 별처럼 빛나는 예술가가 되었지요.

1만 시간이 얼마나 기냐고요? 하루에 6시간씩 약 5년이 걸려요. 세계적인 음악가도, 뛰어난 소설가도, 위대한 운동선수도 모두 1만 시간의 법칙에 따라 연습을 하고 또 했기에 훌륭한 기술을 가질 수 있었답니다.

비슷한 속담

무쇠도 갈면 바늘이 된다
단단하고 두꺼운 무쇠 토막도 계속 갈면 가늘고 작은 바늘로 만들 수 있다는 말이에요. 꾸준히 노력하면 어떤 어려운 일도 이룰 수 있다는 뜻이랍니다.

우는 아이 젖 준다

아기가 배가 고픈데도 눈만 또랑또랑 뜨고 가만히 있으면 어떨까요? 사람들은 아기가 배고픈지 아닌지 알지 못할 거예요. 심지어 아기 엄마도 아기에게 젖 주는 시간을 깜박할지 몰라요. 아기가 "우왕!" 하고 울음을 터트리는 것은 "나 배고파요!"라는 신호를 보내는 것이랍니다. 아기의 신호를 받은 엄마는 "우리 아기 배고프구나." 하며 아기를 안아 올려 젖을 먹이지요.

"우는 아이 젖 준다."라는 속담은 무엇이든 자기가 필요한 게 있으면 달라고 표현해야 쉽게 구할 수 있음을 뜻하는 속담이랍니다.

 행동으로 말을 한다고요?

아기가 우는 행동으로 젖을 달라고 말하듯이, 우리는 행동으로 여러 가지를 표현할 수 있어요. 이렇게 손짓, 발짓, 눈짓, 표정 등 말 대신 몸으로 표현하는 것을 '몸짓 언어(보디랭귀지)'라고 한답니다. 외국에 여행을 갔을 때 서로 말이 통하지 않아도 몸짓이나 손짓으로 길을 찾을 수 있고, 외국 친구와 우정을 나눌 수 있는 것도 모두 몸짓 언어 덕분이에요.

미국의 한 대학교에서 서로 뜻을 정할 때 강력한 영향력을 발휘하는 것은, 대화 그 자체보다 몸짓 언어라는 사실을 알아냈어요. 55퍼센트의 사람들이 상대가 어떤 사람인지 파악할 때 가장 좋은 수단으로 몸짓 언어를 꼽았어요. 다음으로 목소리와 톤을 꼽은 사람이 38퍼센트였고, 대화 내용 자체를 꼽은 사람은 고작 7퍼센트밖에 되지 않았답니다.

비슷한 속담

보채는 아이 밥 한 술 더 준다
얌전히 밥을 받아먹는 아이와 "엄마, 한 입 더!" 하고 보채는 아이가 있다면 엄마는 보채는 아이에게 더 신경을 쓰게 될 거예요. 이 속담은 가만 있는 사람보다 조르는 사람에게 상대방이 아무래도 더 잘해 준다는 말이랍니다.

3 생활과 풍습을 나타낸 속담

구더기 무서워 장 못 담글까

꿈보다 해몽이 좋다

낫 놓고 기역 자도 모른다

등잔 밑이 어둡다

바늘 가는 데 실 간다

변덕이 죽 끓듯 한다

서당 개 삼 년이면 풍월을 읊는다

아니 땐 굴뚝에 연기 날까?

우물을 파도 한 우물을 파라

구더기 무서워 장 못 담글까

우리 조상들은 장을 즐겨 먹었어요. 된장도 만들고, 간장도 만들고, 고추장도 만들어 먹었지요. 장은 우리 생활에 꼭 필요한 것이었어요. 반찬을 만들 때, 국을 끓일 때, 찌개를 끓일 때, 우리 조상들은 꼭 장으로 간을 맞추었답니다.

▲장을 만드는 재료인 메주예요.

그런데 이렇게 중요한 장을 혹시 구더기가 생길까 봐 무서워 안 담글 수는 없었어요. 옛날 장독은 꼭꼭 밀봉할 수 없어서 파리의 애벌레인 구더기가 곧잘 생기고는 했어요. 그럴 때면 구더기를 걷어 내고 먹었지요.

이 속담은 무슨 일을 할 때 작은 방해가 생기더라도, 이 때문에 반드시 해야 할 일을 포기해서는 안 된다는 뜻이랍니다.

상식 장이 우리 전통 발효 식품이라고요?

우리 조상들은 삼국 시대부터 메주를 띄워 간장과 된장을 만들어 먹었어요. 메주는 메주콩을 삶아 네모나게 빚어서 단단하게 만든 다음, 짚으로 묶어 처마 밑에 매달아 말린 것을 말해요. 그렇게 한 달쯤 지나면 누룩곰팡이가 생겨나 메주가 발효되었어요. 발효된다는 것은 미생물이 내보내는 여러 효소들에 의해 콩의 성분이 분해되는 것을 뜻해요. 봄이 되면 집집마다 발효된 메주를 독에 담아 띄워 된장, 간장, 고추장을 만들었어요.

된장, 고추장, 간장에는 단백질, 탄수화물, 철분, 칼슘, 비타민 등 영양분이 골고루 들어 있어요. 몸에 이로운 미생물도 많이 들어 있답니다.

비슷한 속담

범 무서워 산에 못 가랴
옛날 우리 조상들은 땔감, 약초, 과일 등 산에서 많은 것을 얻었어요. 그런데 산에 호랑이가 산다고 산을 오르지 않을 수는 없었지요. 이 속담은 꺼림칙한 게 있어도 해야 할 일은 해야 한다는 뜻이랍니다.

밤에 잠을 자다 보면 꿈을 꿀 때가 있지요. 꿈을 풀이하는 것을 '해몽'이라고 해요. 꿈을 나쁘게 풀이하는 것보다 좋게 풀이하는 게 꿈을 꾼 사람의 기분을 좋게 하기 때문에, 꿈은 나쁜 쪽보다 좋은 쪽으로 해석하는 일이 많아요.

"꿈보다 해몽이 좋다."는 그리 좋지 않은 일이라도 좋은 쪽으로 생각해 풀이한다는 뜻의 속담이에요. 좋고 나쁨은 풀이하기에 달렸다는 뜻이지요.

 우리나라에서 해몽은 언제부터 기록되었을까요?

사람들이 해몽을 하기 시작한 것은 무척 오래전이에요. 그렇다면 우리나라에서 해몽에 대해 처음으로 기록한 책은 무엇일까요? 지금으로부터 700년도 더 전인 옛날에 일연이라는 승려가 쓴 《삼국유사》라는 책이랍니다.

《삼국유사》에 따르면, 신라의 38대 왕인 원성왕이 높은 벼슬자리인 각간에 있을 때 '두건을 벗고 흰 삿갓을 쓴 채 12줄짜리 거문고를 들고 천광사 우물로 들어가는 꿈'을 꾸었다고 해요. 첫 번째 해몽을 한 사람은 "나쁜 꿈입니다. 두건을 벗은 건 벼슬을 잃을 것을 뜻하고, 거문고를 손에 잡은 건 쇠고랑을 찰 것을 뜻하고, 우물에 들어가는 건 감옥에 들어갈 것을 뜻합니다." 하고 말했어요. 하지만 두 번째 해몽을 한 사람은 "좋은 꿈입니다. 두건을 벗는 건 그보다 높은 사람이 없음을 뜻하고, 흰 삿갓은 왕관이요, 12줄 거문고는 12대 자손까지 전할 것을 뜻합니다. 또한 우물에 들어갔으니 궁궐에 들어가실 겁니다." 하고 말했지요. 그 말대로 원성왕은 나중에 정말 왕이 되었답니다.

비슷한 속담

꿈도 꾸기 전에 해몽부터 한다
어떤 꿈을 꿀지도 모르면서 미리 해몽부터 한다니, 성격이 참 급하지요? 이 속담은 어떻게 될지도 모르는 일을 두고 미리부터 상상하고 기대한다는 뜻이에요.

낫 놓고 기역 자도 모른다

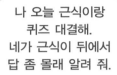
나 오늘 근식이랑 퀴즈 대결해. 네가 근식이 뒤에서 답 좀 몰래 알려 줘.

근식이는 우리 학교 퀴즈 왕이잖아! 그래, 좋아.

( )아나다라

자, 시작한다! ( ) 안에 들어갈 말은?

이거 이거

정답! 손!

땡

이거

알았다, 정답! 나무!

따앵!

나무

이거

푸하하하! 진짜 진짜 정답! 낫!

쯧쯧, 정답은 'ㄱ'이야!

쳇, 아깝다.

ㄱ

전혀 아깝지 않잖아! 이 낫 놓고 기역 자도 모르는 녀석!

우이잉~.

54

'ㄱ' 자처럼 생긴 낫은 오랜 옛날부터 우리 조상들이 쓰던 농사 도구예요. 논에서 곡식을 벨 때에도 쓰고, 산에서 나무를 벨 때에도 썼지요. 웃자란 풀을 벨 때에도 낫을 썼어요. 예전에는 집집마다 낫 한 자루쯤은 다 가지고 있었답니다.

▲호미와 함께 우리나라의 대표적인 농기구인 낫이에요.

이 속담은 쉬운 한글인 'ㄱ' 자처럼 생긴 낫을 보고도 그게 'ㄱ'자 모양인 줄 모른다는 말로, 아주 무식함을 이르는 말이에요.

 우리글은 언제 만들어졌나요?

우리글인 한글은 조선의 문화를 찬란하게 꽃피운 세종 대왕이 집현전 학자 등과 함께 1443년에 처음 만들어, 3년 뒤인 1446년에 '훈민정음'이라는 이름으로 세상에 알렸어요. 세종 대왕은 우리나라의 말이 중국과 달라 중국의 글자인 한자로는 뜻을 정확히 쓸 수 없기 때문에, 우리말에 맞는 우리 글자가 필요하다고 생각했어요. 또 한자가 어렵다 보니, 백성들이 말하고자 하는 것이 있어도 자기 뜻을 글로 써서 나타내지 못하는 것을 안타깝게 여겼지요. 그래서 백성들 누구나 쉽게 익혀 자유롭게 쓸 수 있는 글자를 만들어 낸 것이랍니다.

과학적으로 만들어진 한글은 익히기도 쉽고, 쓰기도 쉬웠어요. 조금만 열심히 공부하면 누구나 읽고 쓸 수 있었지요. 한글은 우리나라의 가장 위대한 과학 문화재랍니다.

비슷한 속담

무식한 도깨비가 부적을 모른다
부적은 나쁜 귀신을 쫓기 위해 붉은색으로 글씨를 쓰거나 그림을 그린 종이예요. 부적을 모르는 무식한 도깨비가 부적에 혼쭐이 나듯, 무식한 사람은 자기한테 불리한 것이 무엇인지 몰라 큰 실수를 하게 된다는 뜻이에요.

등잔 밑이 어둡다

등잔에 불을 켜면 위쪽은 멀리까지 환해지지만 등잔 밑은 불빛이 닿지 않아 침침하지요. 이 속담은 '가까이에서 일어나는 일에 대해 잘 모름'을 '등잔 밑의 어두움'에 비유하고 있어요.

등잔 밑이 어둡듯, 자기에게 아주 가까운 데에서 일어나는 일은 먼 데에서 일어나는 일보다 오히려 잘 모른다는 뜻을 담고 있지요. 또 먼 데에서 일어나는 남의 일은 잘 알면서도 정작 가까운 자신의 일은 잘 모른다는 뜻도 가지고 있답니다.

 옛날에도 등잔이 있었나요?

우리 조상들은 삼국 시대 이전부터 등잔불을 밝혔어요. 종지 같은 그릇으로 등잔을 만들고 그 언저리에 한지, 솜, 마사, 삼 등을 꼬아 심지를 만들었어요. 등잔 기름으로는 참기름, 콩기름, 아주까리기름, 동물 기름, 생선 기름 등을 썼답니다. 등잔에 기름을 부으면 심지가 기름을 빨아들이고, 기름을 흠뻑 먹은 심지에 불을 붙이면 등잔불이 환히 타올랐지요. 심지

▲나무 등잔

가 두 개인 것은 쌍심지라고 했는데, 이것은 방 안을 아주 환하게 밝혀 주기는 했지만 기름이 너무 빨리 닳는 단점이 있었어요.

조선 후기에 일본에서 석유가 들어오면서 뚜껑이 없는 종지 모양의 등잔 대신, 병 모양에 뚜껑이 있는 호롱이 생겨났어요. 호롱은 뚜껑에 작은 구멍이 있어서 그곳으로 심지를 끼워 사용했답니다.

비슷한 속담

등잔 뒤가 밝다
등잔 뒤쪽이 멀리까지 밝듯, 무슨 일이나 너무 가까이에서 보기보다는 멀리에서 보는 편이 더 잘 알 수 있다는 뜻이에요.

바늘 가는 데 실 간다

바늘이 있어야 실을 꿰고, 실이 있어야 바느질을 해요. 실과 바늘은 함께 있어야 쓸모가 있어서 언제나 함께랍니다. 바느질을 할 때에도 함께, 보관을 할 때에도 늘 함께 두지요. 그래서 사이좋게 늘 붙어 다니는 친구, 어떤 모임이든 꼭 함께 다니는 부부 등을 보고 '실과 바늘'이라고 부르기도 해요.

이 속담은 꼭 붙어 다니는 실과 바늘의 관계에 빗대어, 둘이 늘 함께 다니고 떨어지지 않는다는 뜻으로 쓰여요.

상식 '규방칠우'가 뭐예요?

옛날에는 여자들이 머무르는 방을 '규방'이라고 불렀어요. 규방에는 바늘, 실, 자, 가위, 인두, 다리미, 골무가 갖추어져 있었어요. 이 일곱 가지 도구를 '규방의 일곱 동무'라는 뜻으로 '규방칠우'라고 불렀지요.

조선 시대에 여자들은 보통 7~8세부터 할머니나 어머니에게 바느질과 자수를 배웠어요. 그리고 결혼할 때 필요한 이불, 베개 보 등도 직접 만들었고, 입고 다니는 옷도 직접 지었지요. 옷과 이불 등은 풀을 빳빳하게 먹여 인두와 다리미로 다림질도 했답니다. 이 밖에 자투리 천을 모아 조각보도 만들고, 한 땀 한 땀 곱게 수를 놓아 병풍을 만들기도 했어요. 여자들에게 바느질 도구는 평생을 함께하는 친한 동무와 같았답니다.

▲인두

비슷한 속담

용 가는 데 구름 가고 바람 가는 데 범 간다
용이 구름을 타고 하늘로 오르고 범이 바람을 타고 움직이듯, 뜻과 마음이 맞는 사람끼리 함께한다는 속담이에요.

변덕이 죽 끓듯 한다

'변덕'은 지나치게 이랬다저랬다 하면서 종잡을 수 없이 변하는 성질이에요. 툭하면 마음을 바꾸는 사람을 보고 "변덕을 부린다." 또는 "변덕이 죽 끓듯 한다."라고 하지요.

그런데 왜 하필 변덕을 죽에 비유했을까요? 그것은 바로 죽이 가진 특성 때문이에요. 죽은 쌀을 조금만 넣고 물을 많이 부어서 만드는데, 끓이면 쌀이 흐물흐물해지면서 요란하게 끓어올라요. 어디에서 거품이나 물이 튀어 오를지 알 수가 없지요. 이 모습이 꼭 변덕쟁이가 변덕을 부리는 것처럼 보여 "변덕이 죽 끓듯 한다."라고 말하는 거예요.

 동지에는 왜 팥죽을 먹을까요?

동지가 되면 집집마다 죽의 하나인 팥죽을 먹었어요. 동지에 팥죽을 먹는데에는 이유가 있답니다. 동지는 일 년 가운데 해가 가장 짧은 날이에요. 밤이 가장 길다 보니 우리 조상들은 나쁜 기운인 음기도 가장 강하다고 여겼답니다. 그래서 동지에는 병을 옮기는 나쁜 귀신을 물리치고 좋은 기운인 양기를 북돋기 위해 팥으로 쑨 팥죽을 먹었어요. 귀신이 팥죽의 붉은색을 무서워한다고 믿었거든요.

우리 조상들은 귀신이 붉은 팥죽을 보면 벌벌 떨며 도망친다고 생각했어요. 그래서 동짓날 팥죽을 쑤어 나눠 먹고, 대문에도 뿌려 귀신이 집 안으로 들어오지 못하게 했답니다.

비 슷 한 속 담

똥 누러 갈 적 마음 다르고 올 적 마음 다르다
자기에게 꼭 필요할 때에는 다급하게 굴다가, 필요하지 않게 되면 쌀쌀맞게 변하는 변덕스러움을 뜻하는 말이에요.

서당 개 삼 년이면 풍월을 읊는다

생활과 풍습

풍월은 '맑은 바람과 밝은 달'을 뜻하기도 하고, '얻어들은 짧은 지식'을 뜻하기도 해요. 이 속담에서는 얻어들은 짧은 지식을 뜻한답니다. "서당 개 삼 년이면 풍월을 읊는다."라지만, 사실 아무리 똑똑한 개라도 사람 말을 배울 수는 없어요.

이 속담은 서당에서 삼 년 키운 개가 말을 한다는 게 아니라, 아무리 무식한 사람도 서당에서 배우는 내용을 귀에 박히도록 들으면 몇 자 정도는 술술 말할 수 있게 된다는 뜻이에요. 아무리 아는 게 없는 사람이라도 한곳에 오래 있으면 그곳의 경험과 지식을 얼마라도 가질 수 있게 됨을 이르는 말이지요.

 옛날 사람들은 어디에서 공부를 했나요?

조선 시대에 서당은 지금의 초등학교와 비슷한 곳이었어요. 서당의 선생님은 훈장님이라고 했답니다. 서당에도 여러 종류가 있었어요. 양반 집에서 훈장님을 불러 아이들을 가르친 개인 서당도 있었고, 마을에 서당을 열고 아이들을 가르친 마을 서당도 있었어요. 마을 서당에 다니는 아이들은 수업료로 돈 대신 쌀과 땔나무, 옷 등을 훈장님께 보냈어요. 한 아이가 책을 떼면 그 집에서 음식을 싸 가지고 와 '책걸이'라는 작은 잔치를 열었지요.

서당에 들어오는 아이들은 보통 7~8세 정도의 남자아이들이었고, 15~16세쯤 되면 공부를 마치고 더 수준 높은 교육을 받기 위해 향교나 서원에 들어갔답니다.

비슷한 속담

산 까마귀 염불한다

산에 사는 까마귀가 절에서 염불하는 것을 하도 많이 보고 들어서 염불하는 흉내를 낸다는 말이에요. 아무것도 모르는 사람도 한곳에서 오랫동안 보고 들으면 조금이라도 따라 할 수 있게 된다는 뜻이에요.

아니 땐 굴뚝에 연기 날까?

생활과 풍습

요즘은 굴뚝이 있는 집이 별로 없어요. 부뚜막에 솥을 얹고 아궁이에 불을 지펴 밥을 짓는 대신, 압력 밥솥이나 전기 밥솥에 밥을 하니까요. 옛날 집인 한옥에는 꼭 아궁이가 있었어요. 아궁이에 불을 때면 아궁이와 이어진 굴뚝으로 연기가 나왔지요. 불도 때지 않는 굴뚝에서 그냥 연기가 나는 일은 없었답니다.

모든 일의 결과에는 원인이 있어요. 이 속담은 아궁이에 불도 떼지 않았는데 굴뚝에서 연기가 날 수 없듯이, 원인이 없으면 결과가 있을 수 없다는 뜻이에요.

 우리 전통 난방을 '구들'이라고 한다고요?

옛날 우리 한옥 바닥에는 방 안을 뜨끈뜨끈하게 데워 주는 구들을 놓았어요. 구들은 '구운 돌'이 변해서 된 말인데, 돌을 데워서 방을 따뜻하게 한다는 뜻이랍니다. 요즘에는 보통 '온돌'이라고 하지요.

아궁이에 불을 때면 그 열기가 구들장 밑의 고래를 지나지요. 고래는 공기가 지나는 도랑 모양의 길로, 아궁이에서 굴뚝까지 이어져 있어요. 열기는 고래를 지나며 구들을 따뜻하게 달구어 방을 따뜻하게 만들고, 고래를 지나온 연기는 굴뚝으로 모락모락 빠져나간답니다.

비슷한 속담

뿌리 없는 나무에 잎이 필까
뿌리 없는 나무가 잎을 틔울 수 없듯, 근본이 있어야 결과도 기대할 수 있다는 말이에요.

우물을 파도 한 우물을 파라

있잖아, 나 얼마 전부터 컴퓨터 시작했다.

며칠 전에는 미래의 피카소가 될 거라고 그림 공부한다며?

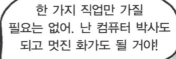

한 가지 직업만 가질 필요는 없어. 난 컴퓨터 박사도 되고 멋진 화가도 될 거야!

쩝, 감당할 수 있겠냐.

다음 날

박지성 선수를 보니 축구도 못 본 척할 수가 없네. 오늘부터 축구 연습이다!

내일은 뭐라고 할지 벌써부터 기대되는구나.

다음 날

으~ 괴로워

하루에 몇 가지 일을 하려니 너무 피곤해.

으이그~

우물을 파도 한 우물을 파라고 했어!

이제 꿈을 바꿔야 할 때가 왔나 봐. 네 말대로 한 우물을 파야겠어.

그래, 잘 생각했어. 이제 뭐가 되고 싶은데?

컴퓨터를 무지 잘하고 그림을 환상적으로 잘 그리는 영국 프리미어 리그 축구 선수가 될 거야!

윽

거기에 가수랑 비행기 조종사도 추가할까?

그냥 슈퍼맨 해!

우물은 땅을 깊이 파서 땅 밑에서 흐르는 지하수가 한곳에 고이도록 만든 거예요. 그런데 우물을 파려는 사람이 "여기에 지하수가 있을 거야." 하고 땅을 조금 파다가, "아니야, 저기가 더 좋을 것 같아." 하고 옮겨 가 조금 파고, 이렇게 자꾸 이리저리 옮긴다면 어떻게 될까요? 결국 여기저기 얕은 구덩이만 여러 개 파 놓고 제대로 된 우물은 하나도 파지 못할 거예요.

이 속담은 이것저것 손 대면 아무 성과도 얻지 못하니, 어떤 일이든 한 가지 일을 끝까지 해야 성공할 수 있다는 뜻이랍니다.

 옛날에는 마을마다 우물이 있었다고요?

옛날에는 수도가 없었어요. 그래서 마을마다 공동으로 우물을 파서 함께 썼지요. 집집마다 물동이를 가지고 나와 두레박으로 물을 긷는 것이 하루의 큰 일과 가운데 하나였답니다. 사람들은 우물물로 밥도 하고, 식혜도 만들고, 국도 끓였어요.

마을 사람들은 함께 쓰는 소중한 곳인 만큼 우물을 깨끗이 쓰려고 노력했어요. '우물치기'라고 해서 해마다 우물 청소하는 날을 정해 같이 청소도 했지요. 우물을 신성한 수호신으로 받들어 우물 앞에서 마을 제사를 지내는 마을도 있었답니다. 참, 우물이 없는 마을도 있었어요. 이런 마을에서는 우물 대신 샘물에서 물을 길어 썼답니다.

▲우물

비슷한 속담

돌도 십 년을 보고 있으면 구멍이 뚫린다
물론 돌을 십 년 동안 보고만 있다고 해서 구멍이 뚫리지는 않아요. 이 속담은 실제로 그런 일이 일어난다는 뜻이 아니라, 그만큼 노력하면 안 되는 일이 없다는 뜻이에요.

④ 가족과 이웃에 대한 속담

가지 많은 나무에 바람 잘 날 없다

바다 저편에 있는 형제보다 벽을 맞대고 있는 이웃이 낫다_알바니아

사촌이 땅을 사면 배가 아프다

열 손가락 깨물어 아프지 않은 손가락 없다

이웃이 좋으면 매일 즐겁다_프랑스

좋은 집을 사기보다 좋은 이웃을 얻어야 한다_에스파냐

친구 없이는 살 수 있어도 이웃 없이는 못 산다_스코틀랜드

피는 물보다 진하다

형만 한 아우 없다

가지 많은 나무에 바람 잘 날 없다

70

숲을 거닐다 보면 바람에 나뭇잎이 사각사각 흔들리는 소리를 들을 수 있어요. 이 속담은 가지가 많고 잎이 무성한 나무일수록, 살랑이는 작은 바람에도 잎이 흔들려 잠시도 조용한 날이 없다는 뜻의 속담이에요. 가지가 많은 나무가 매일같이 바람에 흔들리듯, 자식을 많이 둔 부모에게 근심과 걱정이 끊이지 않는다는 뜻이지요.

 대가족과 핵가족은 어떻게 달라요?

할아버지와 할머니, 아버지와 어머니, 자녀들 등 3세대 이상으로 이루어진 가족을 대가족이라고 해요. 옛날에는 어느 집이나 대가족이었어요. 할아버지와 할머니를 중심으로 큰아들의 식구가 함께 사는 게 보통이었고, 어떤 집은 친척들까지 함께 모여 살았답니다. 사람이 많은 만큼 늘 북적북적했지요.

핵가족은 아빠와 엄마 그리고 결혼하지 않은 자녀가 함께 사는 가정이에요. 우리나라가 산업화, 공업화되고 도시로 나가는 젊은이들이 많아지면서 핵가족은 점점 늘어나고 있어요. 핵가족은 가족 수가 적어서 부모와 자식의 관계가 더 끈끈해요. 하지만 부모가 바쁠 경우 자녀가 혼자 지내야 하고, 일가친척과 가까이 지내기 어렵다는 아쉬움이 있어요.

비슷한 속담

새끼 많이 둔 소 길마 벗을 날 없다
길마는 소의 등에 얹어 짐을 나르거나 수레를 끄는 데 쓰이는 안장이에요. 자식이 많은 부모는 소가 길마를 등에 얹고 일하듯 언제나 수고가 많고 마음 편할 때가 없다는 뜻이에요.

바다 저편에 있는 형제보다 벽을 맞대고 있는 이웃이 낫다

– 알바니아 –

아무리 우애 깊은 형제라도 바다를 사이에 두고 멀리 떨어져 산다면 만나기 어려워요. 기껏해야 일 년에 몇 번 볼까 할 테지요. 하지만 벽을 맞대고 사는 이웃은 하루에도 몇 번씩 마주쳐요.

이웃과 잘 지내면 좋은 점이 많아요. 바쁠 때 서로 도울 수도 있고, 슬픈 일이 생기면 옆에서 기운을 북돋워 주고, 기쁜 일이 있을 때면 함께 기뻐해 줄 수도 있지요. 이처럼 가까운 이웃과는 바다 저편에 멀리 떨어져 있는 형제보다 더 많이 마음을 나눌 수 있답니다.

 이웃과 인사를 하면 친해질까요?

벽을 맞대고 있는 이웃과 사이좋게 지내기 위해 가장 먼저 할 일은 무엇일까요? 바로 인사랍니다. 인사는 나의 친절함을 나타내고 상대를 존중하는 좋은 방법이자, 마음을 열고 상대에게 다가가는 적극적인 표현법이에요.

밝고 친근하게 웃으며 "안녕!" 또는 "안녕하세요." 하고 먼저 건네는 인사는 이웃과 친해지는 첫걸음이 되어요. 이렇게 인사를 하면 상대방도 마주 웃으며 인사하고 말을 나누게 되지요. 우리는 상대방과 인사를 주고받으며 여러 가지 관계를 맺을 수 있답니다.

러시아의 작가 톨스토이는 이렇게 말했어요.

"모자라게 인사하느니 지나치게 인사하는 게 낫다."

이웃이 사촌보다 낫다
핏줄로 이어진 사촌이라도 먼 곳에 살아 자주 보지 못한다면, 가까이 사는 이웃보다 못하다는 뜻이에요. 가까운 이웃은 자주 보는 만큼 정도 많이 들고 크고 작은 도움도 주고받기 쉽답니다.

사촌이 땅을 사면 배가 아프다

가족과
이웃

으으으

사촌 형 생일잔치에
갔다 오는 길이야.

몰라. 배가 막 아파.

똥구야,
어디 갔다 와?

그런데 표정이
왜 그래?

뭐 잘못
먹은 거 아냐?

아냐, 같이 있던 사람들은
다 멀쩡하던데.

내가 너무너무 가지고 싶은데
엄마가 비싸다고 안 사 주시던
그 게임기! 윽, 또 배가….

너 지금 배가 왜
아픈지 알아?

혹시 사촌 형
생일 선물 뭐 받았어?

배 아픈 것 나으려면
마음을 곱게 가져야
하는데, 넌 불가능하니까
불치병이네. 쯧쯧.

아니, 몰라.

어휴

사촌이 땅을 사면 배가 아프다란
속담이 있어. 넌 지금 질투심
때문에 배가 아픈 거야.

정말?

74

사촌은 아빠나 엄마 형제의 자식들을 말해요. 아버지 형제의 자식들, 어머니의 형제의 자식들을 모두 사촌이라고 하지요. 그런데 사람의 마음은 참 이상해요. 아예 모르는 사람, 나와 상관없는 사람이 잘되면 괜찮아요. 그런데 사촌처럼 가까운 사람이 잘되면 "에이, 내가 더 나은데 왜 사촌만 잘되는 거지?" 하며 질투하고 배 아파하게 된답니다.

이 속담은 가까운 사람들이 잘되는 것을 보고 기뻐하지는 않고, 오히려 질투하고 시기하는 것을 뜻하는 속담이에요.

 촌수란 무엇인가요?

촌수란 자기와 친척 사이의 관계를 따질 때 얼마나 멀고 가까운지 나타내요. 촌수가 작으면 가까운 관계이고, 촌수가 크면 먼 관계랍니다.

촌수의 기본 개념은 두 가지예요.

첫째, 부부는 촌수가 없다.

둘째, 부부를 중심으로 연결 마디(촌)를 세면 촌수가 나온다.

예를 들어 나와 부모 사이는 '부부-나' 이렇게 하나의 연결 마디를 가져 1촌이에요. 나와 동생 사이는 '나-부부-동생'의 연결 마디를 가져 2촌이지요. 나와 할아버지 사이는 '나-부부-할아버지'의 연결 마디를 가져 2촌이에요. 나와 큰아버지와의 사이는 '나-부부-할아버지-큰아버지'의 연결 마디를 가져 3촌이랍니다.

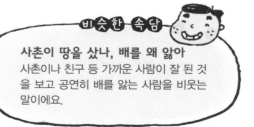

비슷한 속담

사촌이 땅을 샀나, 배를 왜 앓아
사촌이나 친구 등 가까운 사람이 잘 된 것을 보고 공연히 배를 앓는 사람을 비웃는 말이에요.

가족과 이웃

열 손가락 깨물어 아프지 않은 손가락 없다

수업 중에 떠들면 또 혼날 줄 알아!

왜 항상 저희만 혼내세요? 여자애들은 만날 봐주시고!

맞아요, 남자애들만 항상 혼나잖아요!

너희가 항상 수업 시간에 떠드니까 혼내는 거지. 왜 차별을 하겠어?

여자애들은 몰래 떠드는 거라고요! 남자들은 당당하게 떠드는 거고요!

자랑이다!

따콩

열 손가락 깨물어 아프지 않은 손가락은 없어. 선생님은 너희를 똑같이 사랑한단다.

선생님.

하하

선생님, 사랑해요!

애인 없는 노총각이어도 저희는 선생님을 사랑해요!

항상 썰렁하고 재미 없는 농담만 하셔도 저희는 선생님을 사랑해요!

이 녀석들….

손가락 열 개를 살짝 깨물어 보세요. 어떤 손가락은 아프고 어떤 손가락은 안 아픈가요? 그렇지 않아요. 엄지손가락을 깨물어도 아프고, 새끼손가락을 깨물어도 아프지요.

이 속담은 열 손가락을 깨물면 안 아픈 손가락이 없듯이, 자식이 아무리 많아도 부모님에게는 모두 소중하다는 것을 알려 주는 속담이에요. 부모님은 첫째든 둘째든, 딸이든 아들이든, 공부를 잘하든 못하든 모든 자식을 똑같이 사랑하고 소중하게 여긴답니다.

 부모님의 사랑은 햇볕과 같아요!

열 개의 손가락처럼 형제자매가 많은 집에서는 질투와 경쟁이 생겨요. 아이들은 누구나 부모님에게 더 사랑받고 더 많은 관심을 받기를 바라지요. 그러다 보니 "엄마는 동생만 귀여워해." 또는 "아빠는 누나만 예뻐해." 하고 속상해하며 질투심을 느끼기 쉬워요. 또 부모님의 관심이 다른 형제에게 가면 내 몫의 사랑이 줄어드는 것 같다는 생각이 들기도 해요.

하지만 사실은 그렇지 않아요. 부모님의 사랑과 관심은 햇볕을 닮았거든요. 해변가에 사람이 아무리 많아도 햇볕을 골고루 쬘 수 있듯이, 형제자매가 아무리 많아도 부모님의 사랑은 모두에게 골고루 쏟아진답니다.

비슷한 속담

제 자식 가려 보는 부모 없다
부모는 자식을 예쁘거나 밉다고 가려서 차별하지 않고 똑같이 사랑한다는 뜻이에요.

이웃과 사이가 나쁘면 길에서 마주쳐도 인사하기 싫어 땅만 보고 가거나, 모르는 척 딴청을 피우겠지요. 반대로 이웃과 사이가 좋으면 마주칠 때마다 환한 얼굴로 인사를 할 거예요. 이웃집에 놀러 갈 수도 있고, 이웃과 함께 나들이를 갈 수도 있지요.

"이웃이 좋으면 매일 즐겁다."라는 속담은 좋은 이웃과 가까이 살면 날마다 즐겁게 지낼 수 있다는 뜻이랍니다.

좋은 이웃이 좋은 환경을 만든다고요?

이웃이 좋으면 환경도 좋아진답니다.

미국 코넬 대학교의 연구 팀에서, 동네 사람들끼리 친하게 잘 지낼수록 그 동네에 사는 아이들이 좋은 영향을 받는다는 연구 결과를 발표했어요.

첫째, 이웃과 친하게 지내는 동네에 사는 아이들은 주위 어른들에게 관심을 받기 때문에 뚱뚱해질 확률 등 건강이 나빠질 가능성이 다른 동네 아이들에 비해 적었어요. 둘째, 청소년들이 동네 이웃 가운데 훌륭한 사람을 역할 모델로 삼아 닮으려고 노력하고 있었어요. 청소년이 존경할 수 있는 사람을 만나고 조언을 듣는 것은 인생에 큰 도움이 되지요. 그런데 이웃끼리 친한 마을에서는 청소년들이 이웃 어른 가운데에서 이런 역할 모델을 더 쉽게 발견할 수 있었다고 해요.

이처럼 좋은 이웃은 어린이에게 좋은 환경이 되어 긍정적인 영향을 준답니다.

비슷한 속담

집을 살 때에는 이웃을 본다
이웃에 누가 사느냐는 무척 중요해요. 그래서 집을 정할 때에는 집 자체보다 주위의 이웃을 더 신중하게 살펴보고 정해야 해요.

좋은 집을 사기보다 좋은 이웃을 얻어야 한다

- 에스파냐 -

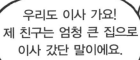

우리도 이사 가요! 제 친구는 엄청 큰 집으로 이사 갔단 말이에요.

얘가 갑자기 무슨 집 타령이야? 우리 집이 얼마나 좋은데 이사를 가?

조그만 집이 뭐가 좋다고.

동구야

첫

큰 집으로 이사 가니까 좋냐?

이웃들이 이상해서 별로야.

왜? 뭐가 이상한데?

택배 받을 게 있어서 나가면서 옆집에 부탁했더니, 그냥 문을 쾅 닫더라.

또 밤중에 옆집에서 음악을 너무 크게 틀어서 좀 줄여 달라고 했더니, 오히려 화를 내더라. 웬 참견이냐고.

사람들 이상하네.

너희 이웃들은 다 좋잖아. 친절하고 서로서로 돕고. 난 그게 더 부러워.

흠.

저 생각을 바꿨어요. 역시 큰 집보단 우리 좋은 이웃들이 최고예요!

그럼. 좋은 집을 사기보다 좋은 이웃을 얻어야 한다는 말이 그래서 나온 거야.

크고 좋은 집에서 살게 되면 기분이 좋을 거예요. 그렇지만 그 집 주변에 좋은 이웃이 하나도 없다면 어떨까요? 서로에게 무관심한 사람들만 산다면요? 집 앞에서 사고가 나 움직일 수 없는데, 아무도 신경 쓰지 않고 그냥 지나가 버린다면 어떨까요?

이 속담은 좋은 집보다 좋은 이웃이 더 중요하다는 것을 알려 주는 속담이에요. 작은 집에 살더라도 좋은 이웃이 주변에 있으면 큰 집에 사는 것보다 더 행복하답니다. 좋은 집은 돈으로 살 수 있지만, 좋은 이웃은 돈으로 살 수 없으니까요.

 좋은 이웃 덕분에 지진을 이겨 낸다고요?

좋은 집보다 좋은 이웃이 지진을 더 잘 이겨 낼 수 있게 해 주는 힘이 된답니다. 아무리 튼튼한 집도 지진이 나면 부서져요. 그렇지만 좋은 이웃은 한꺼번에 사라지지 않지요. 실제로 몇 년 전 일본 고베 지역에서 6천여 명이 죽은 커다란 지진이 일어났을 때, 가장 먼저 도움을 받은 사람은 평소에 이웃과 사이좋게 지내 온 사람들이었어요. 이웃들이 가까운 다른 이웃을 구해 냈지요.

이처럼 지역 주민이 지역 공동체로 지진처럼 커다란 위기 상황에 똘똘 뭉쳐 스스로 대처하는 문화를 '컬처 웨어' 라고 해요. 이런 문화를 만들기 위해 가장 먼저 할 일은 나부터 마음의 문을 열고 이웃과 친해지는 것이랍니다.

비슷한 속담

팔백 금으로 집을 사고 천 금으로 이웃을 산다
좋은 집보다 좋은 이웃이 더 귀하고 가치 있다는 뜻이에요. 집을 정할 때에는 집 자체보다는 이웃을 더 신중히 살펴보고 정해야 한답니다.

친구 없이는 살 수 있어도 이웃 없이는 못 산다

— 스코틀랜드 —

똥구야! 어제 너희 엄마 다치셨다며?

말도 마.

엄마가 집 앞 계단에서 허리를 삐끗하셨거든. 집에는 아무도 없고, 움직이지는 못하시고….

그래서?

정말 큰일 날 뻔했어.

이웃집 아주머니가 발견하시고 119에 연락해 주신 덕분에 병원에 가셨어.

삐뽀 삐뽀

우린 그런 것도 모르고 계속 놀고 있었구나.

그러게

나도 너희랑 노느라 엄마 그렇게 되신 줄도 몰랐잖아.

친구 없이는 살아도 이웃 없이는 못 산다더니.

나도 이 일을 계기로 이웃의 중요성을 깨달았지.

음

히히

그런데 똥구는 이웃도 중요하지만 나 없인 못살걸? 나 아니면 너랑 누가 놀아 주겠냐?

히히

똥침을 놓다니. 거기 서!

82

내가 아플 때 멀리 떨어진 곳에 있는 친구는 도움을 줄 수 없어요. 내가 위로받고 싶을 때, 먼 곳에 있는 친구는 곁에 있어 주지 못해요. 이럴 때에는 오히려 가까운 이웃이 더 커다란 도움이 되어 줄 수 있지요. 아픈 나를 위해 죽을 사다 줄 수도 있고, 우리 집에 놀러 와 수다를 떨며 기분을 즐겁게 해 줄 수도 있으니까요.

이 속담은 멀리 있는 친구보다 가까이 사는 이웃이 훨씬 낫다는 뜻의 속담이에요.

 ## 이웃과 잘 지내면 건강해진다고요?

사람은 사람들 사이에서 살아가요. 혼자 산 속에 들어가 사는 사람이 아니라면 이웃이 없는 사람은 없답니다. 말 그대로 "이웃 없이는 못 산다."라고 할 수 있지요.

미국 미주리 대학교에서 건강과 이웃에 관한 재미있는 실험을 했어요. 그랬더니 실험 결과 "나는 이웃과 잘 지냅니다." 혹은 "우리 이웃은 믿을 만합니다."라고 하는 사람일수록 건강이 좋은 것으로 밝혀졌답니다. 이웃을 긍정적으로 보고 이웃과 사이가 좋은 사람일수록 이웃과 사이가 나쁜 사람에 비해 건강했지요. 연구 팀은 그 이유를 '사람은 혼자 떨어져 살 수 없는 사회적인 동물이기 때문'이라고 추측했어요. 주변 이웃과 관계가 좋으면 스트레스가 줄고 편안한 마음을 가지게 되어 건강에 도움이 된다는 것이지요. 이웃과 잘 지내면 지금보다 더 건강히 살 수 있답니다.

비슷한 속담

선영 덕은 못 입어도 인심 덕은 입는다
선영은 조상의 무덤을 말해요. 사람이 조상의 덕은 입지 못해도 이웃의 고마운 덕은 입는 법이니, 죽은 조상에게 바랄 게 아니라 이웃 간에 서로 도우며 잘 지내면 그 덕이 돌아온다는 뜻이랍니다.

피는 물보다 진하다

우리 몸은 부모님에게서 물려받은 거예요. 부모님의 몸은 부모님의 부모님에게서 물려받은 거고요. 부모, 가족, 친척이 함께 있는 모습을 보면 '정말 닮았다.' 하고 생각하게 되지요. 우리 몸속을 돌고 있는 피도 마찬가지예요. 자식들은 부모님의 혈액형을 물려받는답니다. 한 핏줄을 가진 부모님과 형제자매의 사이는 끈끈하고 깊을 수밖에 없어요.

이 속담은 같은 피로 이어진 혈육의 정이 깊음을 나타내는 속담이랍니다.

 가족은 왜 닮았을까요?

물보다 진한 핏속에는 부모님의 유전 정보가 들어 있어요. 세상의 모든 생물은 자손을 남기고, 그 자손은 부모가 가진 특성을 닮게 된답니다. 이것을 유전이라고 해요.

이와 같이 유전을 일으키는 물질은 세포의 핵 안에 있는 염색체에 들어 있어요. 염

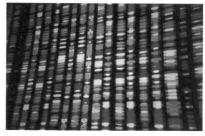

▲염색체 안의 유전 정보를 풀어 놓은 유전자 지도예요.

색체는 생물의 종류나 성별에 따라 그 수가 일정하게 유전자가 모여 있는 것이지요. 아버지의 정자와 어머니의 난자가 만나고, 정자와 난자의 염색체가 합쳐져 자식의 염색체가 만들어져요. 염색체 속의 DNA에는 부모님의 유전 정보가 들어 있어요. 유전 정보에는 키가 큰지 작은지, 머리카락이 곱슬인지 아닌지 같은 것이 포함되지요. 이 유전 정보에 따라 부모와 닮은 아이가 태어나는 것이랍니다.

비슷한 속담

아버지 뼈 어머니 살
아버지 집안에서는 혈통과 가풍을 이어받고, 어머니 집안에서는 사랑과 영양을 이어받는다는 뜻이에요.

형만 한 아우 없다

86

형은 동생보다 먼저 태어나 여러 가지 일을 먼저 경험하고 배워요. 그러다 보니 형과 동생을 함께 놓고 보면 형이 아는 것도 더 많고, 생각도 깊고, 책임 감도 강한 경우가 많지요. 경험이 더 많으니 똑같은 일을 해도 형이 더 잘해낸 답니다.

"형만 한 아우 없다."라는 속담은 어떤 일을 하든 형이 아우보다 낫다는 뜻 이에요. 또한 아우가 형을 생각하는 것보다 형이 아우를 생각하는 마음이 더 크다는 뜻도 가지고 있어요.

 상식 형제자매를 서로 비교하는 게 좋지 않다고요?

'형만 한 아우' 라는 말은 형과 아우를 비교하는 말이에요. 그런데 비교하 는 것은 그리 좋은 행동이 아니에요. 비교를 하면 나은 사람과 더 못한 사람이 생기게 되는데, 더 못하다는 말을 듣게 되는 쪽은 무척 속이 상하게 마련이거 든요.

많은 부모님이 형과 아우, 언니와 동생을 두고 아무렇지 않게 비교를 해요. 형이 낫다느니 동생이 낫다느니 하는 말을 별 생각 없이 말하고는 하지요. 그 러나 비교를 당하는 입장에서는 그런 말이 커다란 스트레스가 되어요. 이런 말을 자꾸 듣다 보면 칭찬 받는 형제나 자매를 미워하거나 열등감을 가지게 되지요.

비교에 휘둘리거나 스스로 비교하며 속상해하지 마세요. 나는 나, 형은 형, 동생은 동생이니까요. 저마다 잘하는 것이 다르고 개성이 다르므로, 나 자신을 남 과 비교하는 것처럼 의미 없는 일은 없답니다.

비슷한 속담

아비만 한 자식 없다
뛰어난 아버지 밑에 좋은 자식이 나오는 법 이니, 자식이 아무리 훌륭하게 된다고 하 더라도 그 아버지만은 못하다는 뜻이에요.

🪙 경제 개념을 담은 속담

같은 값이면 다홍치마

공든 탑이 무너지랴

꿩 먹고 알 먹는다

밀져야 본전

백지장도 맞들면 낫다

사공이 많으면 배가 산으로 올라간다

싸움은 말리고 흥정은 붙이랬다

싼 것이 비지떡

티끌 모아 태산

같은 값이면 다홍치마

산뜻한 붉은빛으로 곱게 물들인 다홍치마와 밋밋한 하얀 치마가 같은 값이라면 어떤 치마를 살까요? 이왕이면 보기에도 더 좋고 더 예쁜 다홍치마를 고를 거예요. 고운 노란 저고리와 평범한 하얀 저고리가 같은 값이라도 이왕이면 더 보기 좋은 노란 저고리를 사겠지요. 수놓은 비단신과 그냥 비단신이 같은 값이라면 수놓은 비단신을 고를 테고요.

이 속담은 같은 값이라면 그 가운데 가장 좋은 물건을 고른다는 말이에요.

 합리적인 소비란 무엇인가요?

'같은 값이면'이라는 말은 어떤 물건을 사기 위해 쓸 돈을 미리 정해 놓고 있다는 뜻이에요. 또한 이 돈으로 여러 벌의 치마 가운데 가장 큰 만족을 느낄 수 있는 '다홍치마'를 고른다는 것은 합리적인 소비를 한다는 뜻이랍니다. 합리적인 소비는 정해진 돈으로 최대한 만족을 느낄 수 있는 조건을 선택하는 경제 활동이에요. 모든 사람은 가진 돈으로 가장 만족할 수 있도록 소비하려고 하지요. 합리적인 소비를 하는 모습은 일상생활에서도 쉽게 찾아볼 수 있어요. 예를 들어, 시장에서 어머니가 한 개에 500원 하는 사과를 살 때 하나하나 꼼꼼히 고르는 것도 합리적으로 소비하기 위한 노력이에요. 500원이라는 정해진 값으로 가장 좋은 사과를 사려는 것이지요.

"정해진 용돈으로 무엇을 사야 가장 큰 만족을 얻을 수 있을까?"

여러분도 물건을 사기 전에 꼭 이렇게 스스로에게 물어보세요. 보다 합리적인 소비를 할 수 있을 테니까요.

비슷한 속담

같은 값이면 검정소 잡아먹는다
누런 암소보다 검은 암소 고기 맛이 더 좋다는 데에서 나온 말로, 누런 암소와 검은 암소의 값이 같다면 더 맛있는 검은 암소를 잡아먹겠다는 뜻이에요.

탑은 부처님을 뜻하는 귀한 상징이에요. 그래서 우리 조상들은 탑을 만들 때 경건한 마음으로 온 정성을 다했어요. 부처님을 공경하는 마음을 담아 정성껏 돌을 깎고 층층이 쌓았답니다. 이렇게 완성한 탑은 좀처럼 무너지지 않았지요.

이 속담은 부처님께 바치는 탑을 쌓듯이 온 힘과 정성을 다해 노력한 일은 그 결과가 반드시 헛되지 않음을 뜻해요.

학교 공부가 미래를 위한 투자라고요?

학교에서 날마다 열심히 공부하는 것은 공들여 탑을 쌓는 것과 비슷해요. 공들여 한 공부는 미래에 좋은 결과를 가져오지요.

국어, 수학, 영어, 과학, 사회 그리고 미술과 음악, 체육 등 초등학교에서 배우는 다양한 수업은 미래에 전문적으로 공부를 할 때 잘할 수 있게 해 주는 바탕이 되어요. 이렇게 다양한 과목을 공부하며 자기가 좋아하는 것과 하고 싶은 것, 자기에게 재능이 있는 것과 관심이 가는 것 등을 찾을 수 있어요. 그리고 여러 가지 공부를 하며 얻은 경험은 앞으로의 꿈을 선택하는 데 이정표와 발판이 되어 주지요.

우리가 현재 학교에서 공들여 공부하는 것은 미래의 꿈을 탄탄히 이루어 내기 위한 준비 과정이랍니다.

> **비슷한 속담**
>
> **하늘은 스스로 돕는 자를 돕는다**
> 하늘은 스스로 노력하는 사람을 성공하게 도와주어요. 어떤 일을 이루려면 스스로 온 힘을 다해 노력하는 것이 중요하다는 뜻이에요.

꿩 먹고 알 먹는다

경제
개념

94

이 속담은 꿩을 잡았더니 배 속에 알까지 들어 있어서, 꿩과 알을 한꺼번에 먹을 수 있다는 뜻의 속담이에요. 꿩 한 마리를 잡아 꿩도 먹고 알도 먹으니 하나로 두 가지 이익을 보게 되는 셈이지요. 돌 한 개를 던져서 새 두 마리를 맞추어 떨어뜨린다는 뜻을 가진 사자성어인 '일석이조'와 같은 뜻이랍니다.

'경제적'이란 무슨 뜻일까요?

'경제적'이라는 말을 들어 보았나요? 이 말은 돈이나 시간, 노력은 적게 들이고 더 많은 이익을 보는 것을 뜻해요. 꿩 한 마리를 잡아 꿩과 알을 모두 얻는 것은 경제적인 일이지요.

"시간을 경제적으로 써야 해."

"물건을 살 때에는 경제적으로 사도록 해."

이런 말을 들어 본 적이 있을 거예요. 경제적으로 시간을 쓴다는 것은, 적은 시간 동안 더 많은 일을 할 수 있도록 시간을 절약해서 쓴다는 뜻이에요. 경제적으로 물건을 산다는 것은, 물건 값을 꼼꼼히 비교해서 같은 물건을 더 싼 값에 사거나 같은 값에 더 좋은 물건을 산다는 뜻이에요.

경제적인 생활은 우리의 삶을 더 풍요롭게 해 주지요. 시간을 예로 들어 볼까요? 시간은 모두에게 똑같이 주어져요. 그렇지만 계획 없이 시간을 흘려보내는 사람보다, 계획을 세워 시간을 경제적으로 쓰는 사람이 더 많은 경험을 할 수 있답니다. 우리가 경제적으로 살기 위해 노력하는 이유가 바로 여기에 있지요.

비슷한 속담

배 먹고 이 닦기
밥을 먹고 난 다음에 후식으로 배를 먹으면 맛도 좋지만 이를 닦은 것처럼 입안이 깔끔해져요. 한 가지 일로 두 가지의 이득을 취할 수 있다는 뜻이에요.

밑져야 본전

96

길거리 깜짝 퀴즈 대회가 열렸다고 생각해 보세요.

"퀴즈를 맞히면 선물을 드립니다!"

이때 참가자는 퀴즈를 맞히면 선물을 받지만, 퀴즈를 맞히지 못한다고 해도 뭔가를 잃지 않아요. 재미있는 경험을 한 번 할 뿐 물건이나 돈을 손해 보지는 않는답니다. '밑져야 본전'이란 어떤 일을 했을 때 그 일이 안 되거나 잘못되더라도 이득을 보지 못할 뿐, 손해를 보지는 않는다는 말이에요. 또 손해를 볼 것이 없으니 한번 해 보아야 한다는 말이기도 해요.

 어떤 일에나 '기회비용'이 있다고요?

밑져야 본전이라지만, 어떤 일을 할 때나 무언가를 선택할 때에는 꼭 그에 따른 '기회비용'이 들어요. 기회비용은 어떤 한 가지를 선택함으로써 포기한 다른 것을 가리키는 말이에요. 자장면과 짬뽕 가운데 자장면을 선택한다면 짬뽕을 먹을 수 없어요. 이때 포기한 짬뽕은 자장면의 기회비용이 되어요. 파란 신발과 빨간 신발 가운데 빨간 신발을 선택한다면, 포기한 파란 신발은 빨간 신발의 기회비용이 되지요. 공짜로 나눠 주는 핫도그를 먹기 위해 줄을 선다면, 줄을 선 10분 동안 할 수 있었던 다른 일이 기회비용이 된답니다.

어떤 선택을 하든 기회비용은 들고, 좋은 선택일수록 기회비용은 작아져요. 선택을 할 때 이 점을 잘 생각한다면 "그때 다른 선택을 할걸." 하는 후회를 줄일 수 있어요.

버린 밥으로 잉어를 낚는다
손해날 일 없는 버린 밥으로 귀한 잉어를 낚듯, 전혀 밑천을 들이지 않거나 적은 밑천을 들여 큰 이익을 본다는 뜻이에요.

백지장도 맞들면 낫다

경제
개념

98

백지장은 하얀 종이의 낱장이에요. 들어도 별로 무게가 나가지 않지요. 그렇지만 이렇게 얇고 가벼운 종이도 혼자 드는 것보다 둘이, 셋이, 여럿이 함께 들면 힘도 덜 들고 더 쉽게 옮길 수 있어요.

"백지장도 맞들면 낫다."라는 속담은 아무리 쉬운 일이라도 혼자 하는 것보다 여럿이 힘을 합쳐 하면 더 잘할 수 있다는 뜻을 담고 있어요. 힘을 합치면 혼자일 때보다 더 많은 일을 해낼 수 있답니다.

 ## 협동과 분업은 왜 할까요?

백지장도 맞들면 더 낫듯이, 여럿이 함께 하면 혼자서 하는 것보다 더 많은 일을 해낼 수 있어요.

아이스크림 가게에서 주인이 혼자 일한다고 생각해 보세요. 주인은 아이스크림을 팔고, 계산하고, 가게를 치우는 일까지 혼자서 모두 해야 해요. 그러다 보면 손님들이 오랫동안 차례를 기다려야 하니 여간 불편한 게 아니지요. 이럴 때 주인의 아내가 일을 거든다면 어떨까요? 한 사람이 더 일하니 힘도 덜 들고 가게 운영도 더 잘할 수 있을 거예요. 손님들은 더 빨리 아이스크림을 살 수 있을 테고요. 주인과 아내가 아예 일을 나누어 할 수도 있어요. 주인은 아이스크림을 계산하는 일만 하고, 아내는 아이스크림을 담는 일만 하면 손님에게 더 빨리 아이스크림을 팔 수 있지요.

이처럼 협동과 분업은 짧은 시간에 더 많은 생산을 하기 위한 방법이랍니다.

비슷한 속담

모기도 모이면 천둥소리를 낸다
아주 작고 약한 모기 소리도 모이면 천둥소리를 내는 법이니, 아무리 힘없고 약한 것이라도 한데 모이면 큰 힘을 낼 수 있다는 뜻이에요.

사공이 많으면 배가 산으로 올라간다

작은 배에는 사공이 한 명이에요. 아무리 큰 배에도 선장은 딱 한 명이지요. 한 명이 책임지고 결정할 수 있어야 배가 잘 나아갈 수 있기 때문이에요. 작은 배에 사공 세 명이 타서 "오른쪽으로 가야 해!", "아니야, 왼쪽으로 가야 해.", "틀렸어. 뒤로 돌아 가야 해." 하고 다툰다면 배는 목적지에 도착하기는 커녕 엉뚱한 산으로 올라가고 말 거예요.

이 속담은 우두머리 없이 여러 사람이 자기주장만 하다가는 일이 제대로 되기 어려움을 알려 준답니다.

 최고 경영자는 왜 필요할까요?

크고 작은 조직에는 그 조직을 이끄는 우두머리가 있어요. 회사의 우두머리는 최고 경영자이지요.

최고 경영자는 회사에서 최고의 결정권을 가지고 있는 사람으로, 회사에서 만드는 제품뿐 아니라 직원들에 대해 파악하고 회사를 관리하는 등 중요한 일을 해요. 이렇게 중요한 역할을 하는 만큼 진정한 최고 경영자는 자신만의 분명한 경영 철학을 가지고 있어야 하고, 많은 직원을 잘 이끄는 리더십을 가지고 있어야 해요. 바람직한 방향으로 회사를 이끌며, 직원들이 자신을 믿고 따를 수 있게 해야 하지요. 또한 회사의 운명이 바뀔지 모르는 어려운 순간에 침착하게 세상의 흐름을 읽고 중요한 결정을 할 수 있어야만 한답니다.

비슷한 속담

목수 많은 집이 기울어진다
집을 지을 때 목수가 많아서 저마다 의견을 내세우고 떠들면 집이 제대로 세워지지 않고 기울어져요. 무슨 일이든 참견하는 사람이 너무 많으면 일이 잘되지 않는다는 뜻이에요.

싸움은 말리고 흥정은 붙이랬다

너 오늘 청소 당번이잖아. 청소해야지 어딜 가?

아, 몰라. 그냥 갈래.

청소 당번이 청소해야지!

쳇! 뭐?

싫다니깐!

야! 너 오늘 청소 빼먹으면 선생님한테 일러 줄 테다!

쳇, 이르겠다고?

이르다니! 둘의 싸움을 말린 거야. 싸움은 말리고 흥정은 붙이랬잖냐.

그럼 흥정도 붙여 봐.

네가 청소를 하겠다면 얘랑 나도 청소를 같이 할 거야. 어때?

셋이 청소한다는 거지? 뭐, 그렇담 좋아.

간만에 친구가 좋은 일을 권하는데 안 할 수 없지.

역시, 넌 내 친구야!

야, 똥구 빨리 쓸어. 너도 청소 당번이잖아!

자, 친구. 열심히 도와줘.

그런 거였냐……

친한 친구 둘이 싸우고 있는데 중간에서 싸움을 부추기면 어떻게 될까요? 처음에는 작았던 싸움이 큰 싸움으로 번지게 될 거예요. 싸움은 말리고 흥정은 붙이는 게 좋아요.

높은 값에 팔려는 주인과 낮은 값에 사려는 손님은 가격이 맞지 않으면 사고팔지 않아요. 이때 흥정을 붙여 주인은 조금만 더 값을 낮추어 팔고, 손님은 조금만 더 값을 높여 사면 서로 만족할 수 있는 거래가 되지요. 이 속담은 사람들과의 사이에서 나쁜 일은 하지 못하게 말리고, 좋은 일은 하도록 권하는 게 좋다는 뜻이에요.

 가격은 어떻게 정하나요?

시장은 흥정이 붙어 물건의 값이 결정되는 곳이에요. 시장에서는 되도록 비싼 값에 자기 물건을 팔고 싶어 하는 상인(판매자)의 힘인 '공급'과, 되도록 싼값에 필요한 물건을 사고 싶어 하는 손님(소비자)의 힘인 '수요'가 팽팽하게 맞서며 겨룬답니다. 가격은 상인과 손님의 이와 같은 줄다리기로 결정되지요. 상인과 손님은 서로 조금씩 양보하며 가격을 조절해요. 그러면서 싸게 사고 싶어 하는 손님과 비싸게 팔고 싶어 하는 상인 모두가 받아들일 수 있는 적당한 가격이 결정되지요. 이걸 두고 "수요와 공급이 가격을 결정한다."라고 말해요.

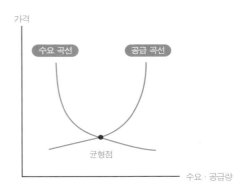

비슷한 속담

싸움은 말리고 불은 끄랬다
싸움이 벌어지면 더 커지기 전에 말리고, 불이 나면 더 번지기 전에 꺼야 해요. 나쁜 일이 일어나면 바로 멈추게 해서 더 큰 피해를 입지 않도록 해야 한다는 뜻이에요.

싼 것이 비지떡

로봇 청소기네.
엄마가 웬일이에요?
이런 걸 다 사고.

요 앞 대형 마트에서
80퍼센트 파격 세일을
하기에 바로 샀지.

너무 싸다. 좀
이상한 것 아니에요?

며칠 전 텔레비전에
똑같은 게 나왔는걸.

스위치만 켜면 더러운
곳을 알아서 청소해
준다고 했어.

틱

푸르르르 퉁퉁
푸슈슈~

에이, 역시 싼 게
비지떡이네. 싼 만큼
품질도 안 좋네요.

틱
틱

그래도 싸잖니.

위~잉

몇 대 치면
말 들을 거야.
오오, 이제 된다.

뭐?

가장 더러운 곳,
가장 더러운 곳.

킬
킬

104

비지떡은 두부 찌꺼기인 비지에 쌀가루나 밀가루를 넣고 반죽해 둥글넓적하게 부친 떡이에요. 이 떡은 맛도 별로 없고 영양가도 별로 없어요. 배가 고프지 않다면 거들떠보지도 않을 만한 떡이지요. '싼 것이 비지떡'은 싸게 산 물건은 비지떡처럼 별로 좋지 않다는 뜻의 속담이에요.

"이거 되게 싸다. 하나 사야지."

이렇게 산 물건은 하루도 안 되어 못 쓰게 될 수도 있어요. 지나치게 싼값에 산 물건은 가격이 싼 만큼 품질도 떨어지는 법이랍니다.

 시장은 사고파는 곳이라고요?

'싼 것이 비지떡'이라는 말에서 비지떡에 가격이 있음을 알 수 있어요. 가격이 붙어 있다는 것은, 비지떡이 사고파는 물건이라는 뜻이지요. 사고파는 물건이 모여 있는 곳이 '시장'이에요. 사람들은 자기에게 필요 없거나 남는 물건을 시장에 가져와 팔고 필요한 물건을 사지요.

오늘날에는 시장이 크게 발전했어요. 5일마다 열리는 시골 5일장부터 줄줄이 상점이 늘어선 재래 시장, 24시간 불이 켜져 있는 편의점, 물건이 꽉꽉 차 있는 대형 할인 매장 등은 물론 인터넷으로 물건을 사고파는 인터넷 쇼핑몰 시장도 생겼지요.

시장에서는 물건뿐 아니라 기술이나 노동도 사고팔아요. 노동을 사고파는 시장은 인력 시장이라고 하고, 뛰어난 기술을 사고파는 시장인 거래소는 기술 시장이라고 하지요.

값싼 것이 갈치자반
갈치자반은 소금에 절인 갈치를 토막 내어 굽거나 쪄서 만든 반찬이에요. 요즘에는 갈치자반 가격이 비싸지만 옛날에는 무척 쌌어요. 그래서 값이 싼 물건은 품질도 그만큼 나쁘다는 뜻으로 쓰였답니다.

티끌 모아 태산

경제
개념

와, 멋지다!
그거 되게 비싸잖아.

엄마한테
사 달라고 한 거야?

아니,
내 돈으로 샀어.

거짓말, 그렇게
비싼 걸 네가
어떻게 사?

맞아. 엄마가
사 주신 거지?

쉬 ―익

한 번 심부름할
때마다 200원씩
받았거든.

에이, 200원으로
어떻게 변신
로봇을 사냐?

심부름 100번
해도 못 사겠다.

음하하, 안 쓰고 꾸준히
모았더니 어느새
큰돈이 모이더라.

그게 바로
티끌 모아 태산
이라는 건가?

오오

나도
오늘부터
심부름해서
돈을 모을 거야!

너는 뭐
살 건데?

하하

난 돈을 모아
비행기를
사겠어.

너 티끌을
한 100년
모을 거니?

티끌은 아주 작은 티와 먼지예요. 티끌 하나는 너무 작아 눈에 잘 띄지도 않아요. 만약 집 청소를 안 하면 어떻게 될까요? 처음 며칠은 아무렇지 않겠지만, 한 달 정도 지나면 집 안 여기저기에 먼지 뭉치가 뭉쳐 굴러다니는 걸 보게 될 거예요.

아주 작은 티끌도 모이고 모이면 나중에 큰 덩어리가 되지요. '티끌 모아 태산'은 작은 것도 꾸준히 모으면 나중에 산처럼 큰 덩어리를 만들 수 있다는 뜻이랍니다. 참, 태산은 중국에 있는 산인데 평야에 우뚝 서 있어서 무척 크고 웅장하게 보인답니다.

 부자가 되려면 어떻게 해야 하나요?

티끌은 모여 태산이 되고, 작은 돈은 모여 큰돈이 돼요. 큰돈을 모으려면 작은 돈을 꾸준히 저축해야 한답니다. 저축은 돈을 모으는 힘, 부자로 만드는 힘을 가지고 있어요. 큰 부자가 된 사람들은 모두 저축의 힘을 알고 있었답니다.

▲돼지 저금통

백만장자인 앤드류 카네기는 이렇게 말했어요.

"나는 저축으로 부자가 되었습니다. 조금씩 월급을 저축했지요. 백만장자의 조건은 버는 돈이 항상 쓰는 돈보다 앞서는 것입니다. 백만장자는 일찍부터 저축을 시작합니다. 돈을 벌기 시작할 때부터 말이지요."

부자가 되고 싶나요? 저축의 힘을 믿으세요. 그리고 오늘부터 저축을 시작하세요. 티끌도 모아야 태산이 되는 법이니까요.

비슷한 속담

모래알도 모으면 산이 된다
작은 모래알 한 알은 보잘것없이 느껴지지만, 모래알이 모이고 또 모이면 큰 산을 이룰 수 있다는 뜻이에요.

🎒 과학 원리를 담은 속담

가는 세월 오는 백발

간에 붙었다 쓸개에 붙었다 한다

낙숫물이 댓돌을 뚫는다

떡 줄 사람은 꿈도 안 꾸는데 김칫국부터 마신다

불난 집에 부채질한다

빈 수레가 요란하다

언 발에 오줌 누기

제 똥 구린 줄 모른다

콩 심은 데 콩 나고 팥 심은 데 팥 난다

가는 세월 오는 백발

너 공부 안 하고 만날 만화만 볼 거야?

이거만 다 보고 할게요.

좋은 말할 때 가서 만화책 덮고 책상 앞에 앉는다. 실시!

엄마가 오늘따라 왜 이렇게 화를 내시지?

이상해

또 흰머리가 늘었네. 속상해라. 가는 세월 오는 백발이라더니. 옛날엔 나도 젊고 예뻤는데.

엄마! 제 눈엔 엄마가 가장 예뻐요!

깜짝이야.

엄마는 백발이 돼도 지금처럼 예쁠 거예요. 그러니까 걱정 말고 팍팍 늙으세요!

분명 위로 같은데 이 기분 나쁜 느낌은 뭐지?

사람은 세월이 갈수록 아기에서 어린이로, 어린이에서 어른으로, 어른에서 노인으로 나이를 먹어 가지요. 나이가 들어 늙으면 얼굴에는 주름이 생기고 등은 구부정해져요. 이는 약해지고, 눈은 침침해지고, 검은 머리에는 점점 흰 머리가 섞인답니다. 한 해 한 해 나이 들수록 늙음은 가까워지고, 그와 함께 흰머리도 늘어나지요. 이 속담은 세월이 가면 누구나 나이를 먹고 늙음을 알려 주는 속담이에요.

 나이가 들면 왜 흰 머리가 생길까요?

머리카락에는 멜라닌이라는 색소가 들어 있어요. 멜라닌 색소가 많으면 검은 머리카락이 되고 멜라닌 색소가 적으면 흰 머리카락이 된답니다. 나이가 들수록 흰머리가 나는 이유는 머리카락의 멜라닌 색소가 점점 줄어들기 때문이에요.

머리카락 안에는 자연적으로 과산화수소가 생기는데, 과산화수소는 멜라닌 색소를 만드는 데 관련된 효소가 나오는 것을 막아요. 젊을 때에는 모낭 속에서 카탈라이제라는 효소가 많이 나와 과산화수소를 분해하기 때문에 멜라닌 색소가 잘 만들어져요. 그런데 나이가 들면서 카탈라이제가 점점 줄어들면 머리카락 안의 과산화수소가 분해되지 않고 쌓이지요. 이렇게 쌓인 과산화수소가 멜라닌 색소를 만드는 데 관련된 효소가 나오는 것을 막아, 머리카락이 색을 잃게 된답니다.

비슷한 속담

백발도 내일모레
세상 어떤 사람도 나이가 드는 것을 막을 수는 없어요. 인생에서 대단한 성공을 하든, 큰 어려움을 겪든 그 또한 잠시이며 누구나 나이를 먹게 된다는 뜻이랍니다.

간에 붙었다 쓸개에 붙었다 한다

과학
원리

《이솝 우화》에는 날짐승 편에 붙었다 들짐승 편에 붙었다 하는 박쥐 이야기가 나와요. 날짐승과 들짐승이 다투자 박쥐는 새들에게 가서는 "나는 새야."라고 말하고, 동물들에게 가서는 "나는 동물이야." 하고 말해요. 그러다가 날짐승과 들짐승이 화해를 하자 어디에도 끼지 못하고 숨어 살게 되지요.

이 속담은 《이솝 우화》의 박쥐처럼 자기에게 조금이라도 이익이 된다 싶으면 이편에 붙었다 저편에 붙었다 하는 행동을 가리키는 말이에요. 그런데 왜 하필 간과 쓸개에 빗대어 말했을까요? 그 이유는 간과 쓸개가 아주 가까이에 있기 때문이에요. 쓸개는 간 바로 밑에 붙어 있어서 꼭 간에 달라붙어 있는 것처럼 보이지요.

 간과 쓸개는 어떤 역할을 하나요?

간은 우리 몸에서 가장 크고 무거운 기관이에요. 두 손바닥을 합한 것만큼 크고, 무게도 약 1.5킬로그램이나 된답니다. 우리가 먹은 음식의 영양소는 간으로 들어와요. 간은 각종 영양소를 온몸으로 보내기도 하고, 혈액을 저장하거나 내보내는 일도 해요. 무엇보다 중요한 역할은 해독 작용을 하는 거예요. 간은 몸에 해로운 여러 노폐물을 해독하는 역할을 한답니다.

또 간에서는 쓸개즙이 만들어지는데, 이 쓸개즙을 저장하는 작은 주머니가 쓸개예요. 쓸개에 저장된 쓸개즙은 필요할 때마다 작은창자로 흘러들어가 지방의 소화를 돕지요.

비슷한 속담

마음처럼 간사한 건 없다
사람의 마음이란 이해관계에 따라 이쪽으로 기울기도 하고 저쪽으로 기울기도 해요. 이랬다 저랬다 간사하게 변하는 게 사람 마음이라는 뜻이에요.

낙숫물이 댓돌을 뚫는다

114

낙숫물은 지붕 처마 끝에서 떨어지는 물이에요. 댓돌은 낙숫물이 떨어지는 곳 안쪽으로 돌려가며 놓은 돌이지요. 오랫동안 낙숫물이 댓돌 위에 떨어지면, 아무리 튼튼한 댓돌이라도 구멍이 생기게 돼요.

"낙숫물이 댓돌을 뚫는다."라는 속담은 작은 물방울이 모여 돌을 뚫듯, 작은 일이라도 꾸준히 계속하면 큰일을 이룰 수 있다는 뜻이에요.

 ## 물이 어떻게 돌을 부술까요?

떨어지는 물은 '떨어지는' 운동을 하며, 운동을 하는 만큼 운동량을 지니지요. 운동하는 물체의 운동량은 다른 물체와 부딪히며 충격량으로 변해요. 운동량의 크기는 물체의 질량이 클수록, 물체의 속도가 빠를수록 더 커진답니다. 운동량이 큰 만큼 충격량도 커지고요.

빨리 가는 자동차와 느리게 가는 자동차가 다른 물체에 충돌할 때 빨리 가는 자동차가 더 위험한 것은, 속도가 더 빠른 만큼 운동량도 더 커 충격량이 크기 때문이에요. 같은 속도로 달리는 자동차와 기차가 각각 다른 물체에 충돌했을 때 기차가 더 위험한 것도, 기차의 질량이 자동차보다 훨씬 큰 만큼 운동량도 크므로 충격량이 더 크기 때문이랍니다.

한 방울의 물은 그 힘이 약하지만 한 방울, 또 한 방울 거듭 떨어지면 무시하지 못할 만큼 큰 힘이 되지요. 낙숫물이 댓돌에 떨어지며 운동량이 충격량으로 바뀌는데, 이 일이 되풀이되면서 오랫동안 충격을 받으면 돌에 구멍이 뚫리게 되는 거예요.

비슷한 속담
짚불에 무쇠가 녹는다
짚은 약하고 아무 힘도 없지만, 짚으로 계속 불을 때면 단단한 무쇠도 녹일 수 있어요. 약한 것이라도 꾸준히 하면 큰일을 해낼 수 있다는 뜻이랍니다.

떡 줄 사람은 꿈도 안 꾸는데 김칫국부터 마신다

떡을 가진 사람은 손톱만큼도 떡을 나눠 줄 생각이 없는데 "저 친구는 자기 떡을 나에게 꼭 나누어 줄 거야." 하고 믿는 것뿐 아니라, 한술 더 떠 "떡을 잘 소화시켜야 하니 미리 김칫국을 마시자." 하고 김칫국부터 벌컥벌컥 마시는 사람이 있다면 어떨까요?

이 속담은 무언가 해 줄 사람은 생각하지도 않고 있는데, 미리부터 다 된 일로 알고 성급하게 행동한다는 뜻이랍니다.

 김칫국을 마시면 소화가 잘되나요?

소화는 먹은 음식을 잘 흡수할 수 있도록 분해하는 과정을 말해요. 입으로 들어온 음식은 식도를 타고 소화 기관인 위로 들어가요. 위는 음식물을 잘게 부수어 섞고, 작은창자는 음식물을 영양소로 분해하지요. 큰창자는 수분은 흡수하고 찌꺼기는 항문으로 내보낸답니다. 우리 몸은 이렇게 여러 소화 기관의 도움을 받아 음식에서 영양분을 얻어요.

그런데 김칫국, 동치미 등 무로 만든 음식에는 천연 소화 효소인 아밀라아제가 들어 있어서, 음식을 먹을 때 같이 먹으면 더 쉽게 소화가 되지요. 팍팍한 떡이나 고구마를 먹기 전에 김칫국이나 동치미를 미리 후루룩 마시면, 목이 촉촉하게 축여져 음식을 넘기기 쉬워지고 소화가 더 잘되는 것도 이런 이유랍니다.

비슷한 속담

냇물은 보이지도 않는데 신발부터 벗는다
아무리 냇물에 발을 담그고 싶다고 해도, 냇물이 보이지도 않는데 신발부터 벗고 냇물을 찾는 일은 너무 성급한 행동이에요. 이 속담은 하는 짓이 턱없이 성급함을 가리킨답니다.

불난 집에 부채질한다

어떤 사람들은 곤란한 일을 당한 사람을 보고 도와줄 생각은 않고 오히려 곤란한 일이 더 커지도록 만들어요. 또 화가 난 사람을 다독일 생각은 않고, 더 기분 나빠지게 얘기를 덧붙여 더욱더 화나게 만들지요. 이런 행동을 두고 "불난 집에 부채질한다."라고 해요. 불난 집에 부채질을 해 불이 더 세게 타오르게 만든다는 말이지요.

▲산소가 많을수록 불이 잘 타올라요.

참, 불난 곳에 부채질을 하면 불길이 더 세지는 이유는 불이 타는 데 꼭 필요한 산소가 바람을 타고 더 잘 공급되기 때문이랍니다.

 불은 왜 날까요?

불은 빛과 열을 내는 에너지예요. 옛날 사람들은 불로 어두운 밤을 밝히고, 불에 음식을 익혀 먹고, 불을 지펴 추운 겨울을 따뜻하게 보냈어요. 사람들은 불에 쇠붙이를 녹여 무기와 도구를 만들었고, 그러면서 문명은 점점 발전했지요.

그런데 불은 어떻게 해서 일어날까요? 불이 나는 것을 '연소'라고 하는데, 연소는 물질이 공기에 들어 있는 산소와 결합할 때 열과 빛을 내며 타는 현상을 말해요. 어떤 물질이 연소하려면 세 가지가 필요해요. 첫째 타는 물질, 둘째 산소, 셋째 발화점보다 높은 온도예요. 발화점은 불꽃이 직접 닿지 않아도 열에 의해 불이 붙는 가장 낮은 온도랍니다. 불이 붙기 위해서는 발화점보다 높게 온도를 높일 수 있는 열이 있어야 하지요.

비슷한 속담

불난 집에 풀무질한다
풀무는 아궁이 같은 곳에 불을 피울 때 바람을 일으키는 기구예요. 화난 사람을 더 화나게 하는 말이나 행동을 할 때 이 속담을 써요.

빈 수레가 요란하다

옛날에는 소나 말이 끄는 나무 수레에 무거운 물건을 싣고 다녔어요. 그런데 나무 수레는 물건을 가득 싣고 굴러갈 때보다 빈 채로 굴러갈 때 더 요란한 소리가 나요. 짐이 없어서 수레가 가볍기 때문에 울퉁불퉁한 바닥에 바퀴가 부딪히며 더 크게 덜그럭덜그럭 소리가 나거든요.

이 속담은 실속은 하나도 없는 사람이 겉으로 잘난 척 으스대며 더 떠들어대는 것을 뜻해요. 허풍쟁이에게 잘 어울리는 속담이지요.

 수레바퀴는 어떤 원리로 굴러가나요?

수레에는 바퀴가 있어요. 바퀴는 자전거, 롤러스케이트, 자동차 등 굴러가는 물체에 꼭 필요해요. 바퀴를 달면 바닥과 닿을 때 생기는 마찰이 작아져 쉽게 이동할 수 있답니다.

그렇다면 마찰은 무엇일까요? 한 물체가 다른 물체와 닿아서 움직일 때 두 물체가 닿는 면에서 나타나는 힘을 마찰력이라고 해요. 물체와 바닥 사이에는 물체가 움직이는 방향과 반대 방향으로 마찰력이 작용해요. 이때 미끄러지는 것을 멈추려고 하는 힘을 미끄럼마찰이라고 하는데, 이 힘이 클수록 물체를 옮기는 데 더 힘이 들지요. 그런데 무거운 물체에 바퀴를 달거나 물체를 수레에 올려 이동하면 쉽게 움직일 수 있어요. 바퀴와 바닥이 만나는 곳에서는 굴림마찰이 작용하는데, 굴림마찰은 미끄럼마찰보다 훨씬 작아 이동이 편리하답니다.

비슷한 속담

속이 빈 깡통이 소리만 요란하다
속이 꽉 찬 깡통은 휙 던져도 큰 소리를 내지 않고 굴러요. 하지만 속이 빈 깡통은 던지면 요란한 소리를 내며 구르지요. 빈 깡통처럼 사람이 실속은 없으면서 떠들기만 잘한다는 뜻이에요.

언 발에 오줌 누기

추운 겨울에 발이 꽁꽁 얼면 따뜻한 곳으로 가서 몸을 녹여야 해요. 그런데 따뜻한 곳으로 갈 수 없다고 해서 언 발에 오줌을 누어 발을 녹이려 한다면 어떻게 될까요? 따뜻한 오줌에 잠시 동안은 발이 녹는 기분이 들지 몰라요. 그렇지만 오줌은 금방 식어 버리고, 축축하게 젖은 발은 더 꽁꽁 얼어붙어 전보다 더 추워진답니다.

이 속담은 어떤 일이 터졌을 때 급하게 끼워 맞추어 처리할 수 있을지는 몰라도, 그 효과가 오래가지 못하고 결국에는 전보다 더 나빠진다는 뜻이에요.

 추우면 왜 오줌이 자주 마려울까요?

오줌의 온도는 우리 몸의 체온인 36.5도와 비슷해요. 오줌은 풍선처럼 쉽게 늘었다 줄었다 하는 동그란 주머니인 방광에 모여요. 2개의 신장이 양쪽에서 각각 오줌을 만들어 긴 관을 통해 방광으로 보내고, 방광에 오줌이 모이면 방광의 감각 신경이 대뇌를 자극해 "아, 오줌 마려워!" 하며 오줌을 누도록 만들지요.

그런데 날이 추우면 오줌이 더 자주 마려워요. 몸이 차가워지면 몸 안의 지방이 딱딱해지면서 주변의 조직을 잡아당겨 오그라들게 만들기 때문이에요. 따라서 방광이 오그라들면서 적은 양의 오줌도 비우려 하고, 혈관이 오그라들며 핏속의 물 성분을 혈관 밖으로 내보내서 오줌의 양이 늘어난답니다.

비슷한 속담

아랫돌을 빼서 윗돌을 괴고 윗돌을 빼서 아랫돌을 괸다
아랫돌을 빼서 윗돌을 괴면 기우뚱거리고, 윗돌을 빼서 아랫돌을 괴면 위쪽이 허전해져요. 이 속담은 제대로 해결하지 못하고 임시로 이리저리 끼워 맞추어 처리한다는 뜻이에요.

제 똥 구린 줄 모른다

자기가 가진 허물은 깨닫지 못하면서 남의 허물을 꼬치꼬치 트집 잡는 사람이 있어요. 예를 들면 자기 방귀는 구린 줄 모르면서 남의 방귀에는 "어유, 냄새가 너무 구리잖아!" 하고 불평하는 사람이지요.

사람은 대부분 남에 대한 험담은 쉽게 하면서도 자신의 모자란 부분이나 잘못에 대해서는 관대하답니다. 자기 잘못은 잘 깨닫지 못하지요. 이 속담은 자기의 허물을 깨닫지 못하는 사람을 가리킬 때 써요.

 똥 냄새는 왜 구릴까요?

제 똥 구린 줄 모른다지만, 사실 똥은 내 똥이든 남의 똥이든 구리구리한 냄새를 풍겨요. 내 똥 냄새보다 남의 똥 냄새가 더 싫기는 하지만요.

그런데 똥 냄새는 왜 구릴까요? 우리가 먹은 음식물이 몸에서 소화되면 영양분은 흡수되고 찌꺼기인 똥과 함께 인돌, 스카톨, 황화수소, 암모니아 등의 가스가 생겨나요. 이 가스가 똥과 섞여 특유의 똥 냄새가 난답니다. 고기를 먹은 뒤에 눈 똥은 스카톨과 인돌이 더 많아서 냄새가 더 고약하고, 그에 비해 채소를 먹은 뒤에 눈 똥은 냄새가 덜 나요.

한편, 아픈 환자의 똥 냄새는 훨씬 고약해요. 장티푸스, 콜레라 등의 병원균이 더 고약한 냄새를 풍기는 분해 산물을 만들기 때문이에요.

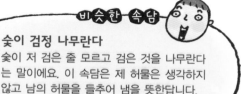

숯이 검정 나무란다
숯이 저 검은 줄 모르고 검은 것을 나무란다는 말이에요. 이 속담은 제 허물은 생각하지 않고 남의 허물을 들추어 냄을 뜻한답니다.

콩 심은 데 콩 나고 팥 심은 데 팥 난다

안녕.

안녕.

얘들아, 안녕.

너희 표정이 왜 이렇게 극과 극이야?

엄마가 합체 로봇 사 주셨어!

엄마한테 엄청 혼났어.

요즘 공부를 열심히 했더니 성적이 많이 올랐거든. 그래서 상으로 받았지.

요즘 노느라고 공부를 안 했더니 또 꼴찌해서 엄마한테 야단맞았어.

콩 심은 데 콩 나고 팥 심은 데 팥 났네.

그게 뭐야?

어떤 일이든 과정에 걸맞은 결과가 나타난다는 뜻이야.

그럼 내가 콩이고, 똥구가 팥? 똥구야, 같이 공부하자.

음, 오늘까지만 놀고 내일부터 하려고. 아니, 모레부터 할까? 그보단 다음 달, 아니 내년….

똥구야, 팥만 심지 말고 콩도 좀 심어 봐.

쳇, 콩 심은 데 팥 나면 안 되나?

어휴

닭은 달걀을 낳고, 개는 강아지를 낳아요. 닭이 강아지를 낳지 않고, 개가 달걀을 낳지는 않지요. 모든 일은 원인에 따라 그에 걸맞은 결과로 나타난답니다. 콩을 심었으니 그 자리에 콩이 나고, 팥을 심었으니 그 자리에 팥이 나는 거예요.

이 속담은 무슨 일을 얼마나 열심히 했느냐에 따라 그에 맞는 결과가 나타난다는 뜻이에요. 열심히 공부하면 좋은 성적이 나오고, 열심히 놀면 나쁜 성적이 나오지요. 공부에 있어서도 좋은 결과는 자신의 노력에 따라 만들어진답니다.

 콩과 팥이 들어간 잡곡밥은 정말 몸에 좋을까요?

콩은 밭에서 나는 쇠고기라고 할 만큼 영양이 풍부한 잡곡이에요. 단백질이 40퍼센트나 되고, 우리 몸에 꼭 필요한 영양소인 필수 아미노산과 토코페롤도 들어 있답니다. 심장병과 암을 예방하는 데에도 좋지요. 콩으로 만든 두부, 두유, 비지, 청국장, 된장 등은 건강 식품으로 으뜸이랍니다. 또 팥은 비타민이 풍부해요. 칼슘, 인, 철분, 식물성 섬유 등이 많이 들어 있어 몸에 좋지요.

▲완두콩밥

콩이나 팥으로 지은 잡곡밥에는 이처럼 여러 가지 몸에 좋은 성분이 들어 있어서 흰 쌀밥보다 훨씬 건강에 좋답니다.

비슷한 속담

배나무에 배 열리지 감 안 열린다
배나무에서는 배가 열리고 감나무에서는 감이 열려요. 어떤 일이든 원인에 따라 그에 맞는 결과가 나타난다는 뜻이랍니다.

 자연현상을 담은 속담

가랑비에 옷 젖는 줄 모른다

구르는 돌에는 이끼가 안 낀다

달도 차면 기운다

마른하늘에 날벼락

바늘구멍으로 황소바람 들어온다

벼 이삭은 익을수록 고개를 숙인다

씨를 뿌리면 거두게 마련이다

윗물이 맑아야 아랫물이 맑다

장마 때 홍수 밀려오듯

자연 현상

가랑비에 옷 젖는 줄 모른다

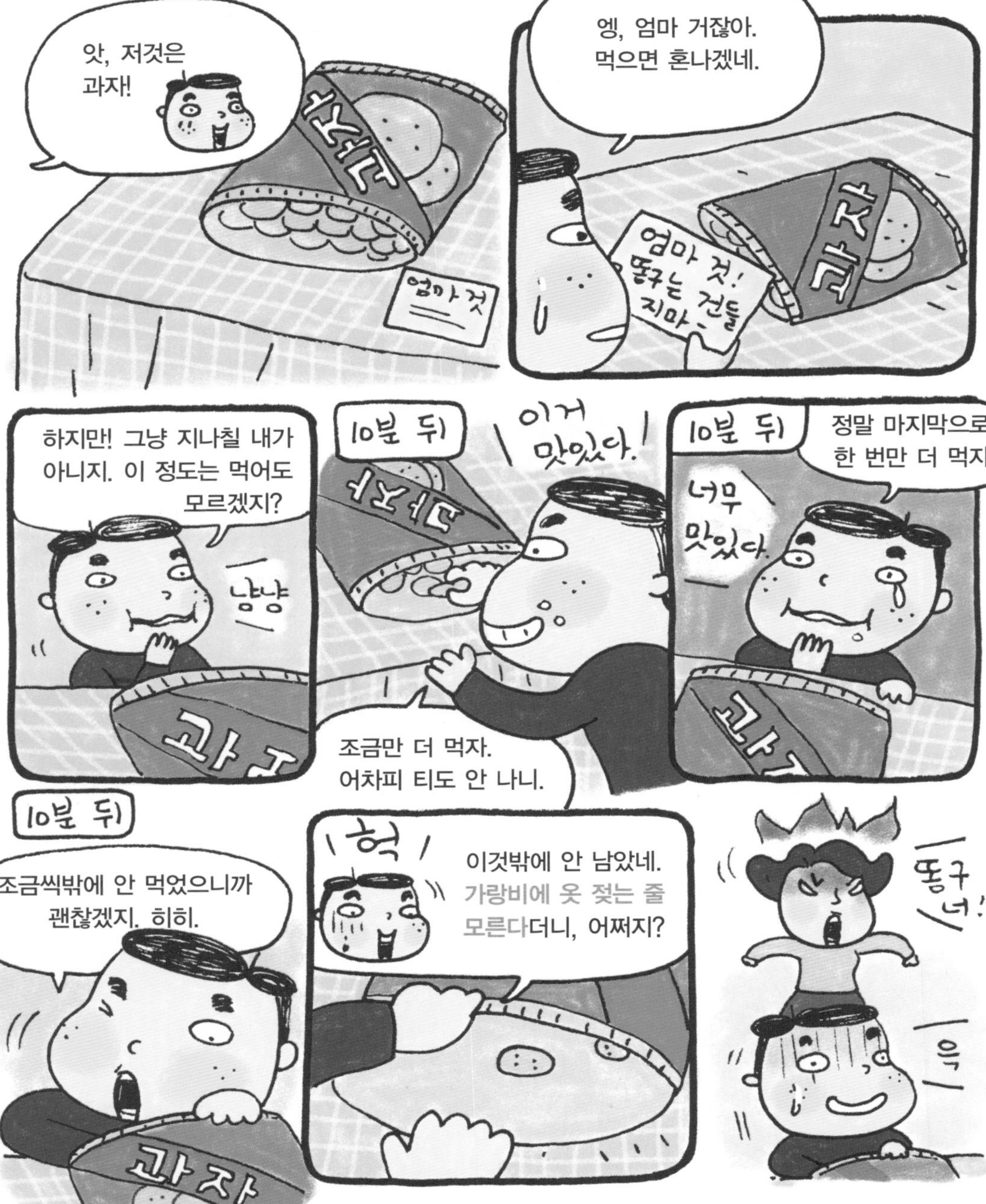

우산이 없을 때 비가 오면 어떨까요? 세차게 쏟아지는 비를 피하려고 갖가지 궁리를 하겠지요. 그런데 가늘게 내리는 가랑비가 오면 비를 꼭 피해야겠다는 생각이 안 들어요. "이 정도 비쯤이야. 잘 젖지도 않는데 그냥 맞지 뭐." 하고 터덜터덜 걸어가기 쉽지요. 그런데 이렇게 걷다 보면 어느새 옷이 축축하게 젖게 된답니다.

"가랑비에 옷 젖는 줄 모른다."라는 속담은 아무리 사소한 일이라도 거듭되면 무시 못 할 만큼 큰일이 된다는 뜻의 속담이예요.

상식 비는 왜 내릴까요?

해가 쨍쨍 내리쬐면 강물, 바다, 호수 등의 물이 가벼운 수증기가 되어 하늘로 올라가요. 이것을 '증발'이라고 해요. 증발된 수증기는 하늘 높이 올라가는데, 이때 기온이 이슬점 아래로 내려가면 수증기가 뭉치는 현상인 '응결'이 일어나지요. 이슬점은 공기 중의 수증기가 응결해 이슬이 생기는 온도랍니다. 이렇게 하늘 높은 곳에 물방울들이 모여 만들어진 것이 구름이예요. 물방울이 계속 모이면 구름은 점점 더 무거워지다가 마침내 비를 뿌리게 된답니다.

떨어진 빗방울은 숲, 호수, 강, 땅 등으로 스며들고 곳곳의 물은 증발되거나 바다로 흘러가요. 바다로 흘러간 물은 다시 증발되어 구름이 되고, 다시 세상 곳곳에 비로 뿌려져요. 이처럼 물이 돌고 도는 과정을 '물의 순환'이라고 한답니다.

비슷한 속담

바늘 도둑이 소도둑 된다
처음에는 작은 바늘을 훔치던 사람이 계속 훔치는 것을 되풀이하다 보면 나중에는 커다란 소까지 훔치게 되지요. 작은 나쁜 짓도 자꾸 하다 보면 결국에는 큰 죄를 저지르게 된다는 뜻이예요.

구르는 돌에는 이끼가 안 낀다

이끼는 물이 고인 곳에서 잘 자라요. 그래서 한 자리에서 오랜 세월을 지켜 온 바위나, 한 자리에 오랫동안 고여 있는 물에는 푸른 이끼가 잘 끼지요. 하지만 움직이는 돌이나 물에는 이끼가 잘 끼지 않아요. 이끼가 자리 잡을 틈이 없기 때문이지요.

이 속담은 제자리에만 머물러 있는 게으른 사람은 돌멩이에 이끼가 끼듯 점점 쇠락하지만, 구르는 돌처럼 부지런하고 꾸준히 노력하는 사람은 계속 발전한다는 것을 뜻한답니다.

▲바위에 낀 이끼

 왜 강 하류의 돌멩이는 둥글둥글한가요?

산의 작은 돌멩이들은 강물과 함께 위에서 아래로 굴러가요. 왜 이런 일이 생길까요? 강의 가장 상류에서는 바위가 물줄기에 부서지는 침식 작용이 일어나요. 커다란 바위에서 막 떨어져 나온 돌멩이는 울퉁불퉁 비죽비죽 모나 있지요. 이렇게 모난 돌멩이는 강물을 따라 아래로 흘러 내려가면서 여기저기 부딪히며 깎여 나가요. 그러는 동안 울퉁불퉁하던 면이 매끈매끈하고 둥글둥글하게 변한답니다. 그래서 강의 상류에는 울퉁불퉁하고 커다란 돌멩이가 많고, 강의 중류에는 모가 깎여 둥글고 큰 돌멩이가 많고, 강의 하류에는 동글동글 조그만 조약돌이 많은 거예요.

비슷한 속담

드나드는 개가 꿩을 문다
이리 기웃 저리 기웃 부지런히 움직이는 개가 꿩을 잡을 수 있듯, 꾸준하게 열심히 노력하는 사람이 일을 이루고 재물을 얻을 수 있다는 뜻이에요.

달도 차면 기운다

밤하늘의 달은 날마다 조금씩 변해요. 눈썹처럼 가늘던 달은 점점 커져서 둥근 보름달이 되었다가 다시 점점 작아지지요. 세상의 모든 이치도 이와 같답니다.

이 속담은 달이 차면 기울듯, 세상의 온갖 것이 한 번 크게 성하면 다시 쇠하게 마련이라는 뜻을 담고 있어요. 또 행운이 찾아온다고 해도 언제까지나 계속되지는 않음을 뜻하기도 해요.

 달은 왜 차고 기울까요?

달은 스스로 빛을 내지 못해요. 태양의 빛을 지구로 반사할 뿐이지요. 우리는 태양의 빛을 반사하는 달을 보는 것이랍니다.

그런데 달은 자꾸 모양이 달라져요. 달이 동그랗게 차올랐다가 점점 기울어 작아지는 것은 대체로 한 달 주기로 되풀이되지요. 그 이유는 달이 지구의 주위를 도는 위성이기 때문이에요.

달은 약 27일마다 한 바퀴씩 지구 주위를 도는데, 이때 달과 태양 사이에 지구가 있어서 태양을 가리게 되면 달이 태양 빛을 반사하는 면적이 조금씩 바뀌게 되지요. 그에 따라 달의 모양도 점점 달라져 보이는 거예요. 그래서 우리 눈에는 달의 모양이 변하는 것처럼 보이지만, 실제로 달의 모양이 변하는 것은 아니랍니다.

비슷한 속담

그릇도 차면 넘친다
그릇에 물이 꽉 차면 넘치게 되지요. 어떤 일이든 크게 성한 다음에는 반드시 쇠한다는 뜻이에요.

마른하늘에 날벼락

벼락은 보통 비가 쏟아지는 어두운 날에 하늘에서 땅으로 떨어져요. 맑은 날 벼락이 떨어지는 일은 흔하지 않답니다. 이렇게 느닷없이 치는 벼락을 날벼락이라고 하지요.

이 속담은 전혀 예상하지 못한 상황에서 나쁜 일을 당할 때 쓰고는 해요. 갑자기 사고를 당하거나, 뜻밖에 안 좋은 일이 생겼을 때 "마른하늘에 날벼락이네." 하고 가슴을 쓸어내리지요.

 벼락은 왜 생길까요?

벼락은 번개에 속한다고 볼 수 있어요. 번개는 구름과 구름, 구름과 땅 등 대기에서 일어나는 모든 방전 현상을 가리켜요. 벼락은 그 가운데에서도 구름과 땅 사이에 방전되는 현상만을 가리키지요. 방전이란 전기를 띤 물체에서 전기가 밖으로 흘러나오는 현상을 말해요. 보통 소나기구름이 생길 때면 전하가 분리되면서 구름 윗부분에는 양전하가, 아랫부분에는 음전하가 모여요. 전하란 물체가 띠고 있는 정전기인데 같

▲벼락

은 부호의 전하 사이에는 미는 힘이, 다른 부호의 전하 사이에는 끄는 힘이 작용하지요. 그런데 구름의 아랫부분에 모인 음전하가 땅 위의 양전하와 서로 끌어당기게 되면, 그 사이로 큰 전류가 이동하게 되어요. 이때 우리가 보는 밝은 번갯불이 만들어지는데 이게 바로 벼락이에요. 보통 벼락은 비와 함께 떨어지는데 가끔은 맑은 날에 떨어지기도 해요. 이것을 날벼락이라고 하지요.

비슷한 속담

삼경에 만난 액이라
한밤중에 뜻밖에 나쁜 일을 만나게 됨을 뜻하는 속담이에요. 옛날에는 하룻밤을 오경으로 나누었어요. 삼경은 밤 11시에서 새벽 1시 사이랍니다.

바늘구멍으로 황소바람 들어온다

겨울을 대비해 현관, 창문 등에 비닐을 붙이거나 문풍지를 붙이는 것을 본 적이 있나요? 어른들은 겨울바람이 춥고 매서운 것을 잘 알기 때문에 미리미리 바람이 집 안에 들어오지 못하도록 단단히 막아 놓지요.

"바늘구멍으로 황소바람 들어온다."라는 속담은 이와 같이 작은 것이라도 소홀히 해서는 안 된다는 뜻을 담고 있어요.

상식 바람은 왜 불까요?

바람이 부는 원인을 알려면 먼저 기압을 알아야 해요. 기압은 공기의 무게에 의해 생기는 대기의 압력이에요. 날씨 뉴스를 보면 고기압, 저기압이라는 말이 자주 나오지요. 고기압은 주위보다 기압이 높은 곳을 가리키고, 저기압은 주위보다 기압이 낮은 곳을 가리켜요. 바람은 기압 차 때문에 생기지요. 고기압과 저기압이 만나면 기압을 맞추기 위해 공기가 기압이 높은 쪽에서 낮은 쪽으로 이동하며 바람을 일으킨답니다.

바다와 육지 사이에도 바람이 생겨요. 따뜻한 낮에는 햇볕을 받아 육지가 뜨거워지므로 육지 쪽의 공기가 더 빨리 데워져요. 가벼워진 공기는 위로 올라가고, 그 빈자리를 메우기 위해 바다에서 육지로 바람이 불어오지요. 반대로 밤에는 온도가 빨리 식는 육지에 비해 천천히 식는 바다 쪽의 공기가 더 따뜻해요. 가벼워진 공기가 위로 올라가면, 그 빈자리를 메우려고 육지 쪽에서 바다 쪽으로 바람이 불어오지요.

비슷한 속담

실없는 말이 송사 간다
별 뜻 없이 뱉은 실없는 말 때문에, 관아를 찾아가 원님 앞에서 잘잘못을 따지고 판결을 받는 송사까지 하게 될 수도 있지요. 무심히 한 작은 말, 작은 행동 때문에 큰일이 벌어질 수 있다는 뜻이에요.

벼 이삭은 익을수록 고개를 숙인다

너희 집에 놀러 오는 건 처음인데?

하하

와, 너 상을 이렇게 많이 받은 거야? 그동안 전혀 몰랐네.

그런가? 들어와.

별로 대단한 일도 아냐.

무슨 소리! 나 같으면 온 동네에 나 잘났다고 자랑하고 다녔을 텐데!

그게 무슨 뜻인데?

아빠가 그러셨어. 벼 이삭은 익을수록 고개를 숙인다고.

남들보다 조금 더 잘하는 일이 있어도 내세우지 않고 겸손한 태도를 가진다는 뜻이지!

그럼 난 어떻게 해?

난 정말 천재라서 내세우지 않아도 모든 사람이 다 아니, 겸손하고 싶어도 그럴 수가 없잖아.

뭘 어떻게 해?

하하

사람 가운데에는 많이 배우고 높은 지위에 오를수록 고개를 빳빳이 들고 더 좋은 대우를 받으려고 하는 사람이 많아요. 조금이라도 더 자기를 내세우려고 하고, 어떻게든 더 훌륭한 사람처럼 보려고 자신을 포장하지요. 그런데 벼는 그렇지 않아요. 처음에는 푸릇푸릇 하늘을 향해 자라지만, 벼 이삭이 송알송알 맺히고 누렇게 익어갈수록 무거워져 고개를 숙인답니다.

이 속담은 익을수록 고개를 숙이는 벼 이삭처럼, 사람도 배울수록 겸손하게 자기를 내세우려 하지 않아야 함을 알려 주는 속담이에요.

상식 ─ 벼는 왜 누렇게 익을까요?

벼는 봄에 싹이 나서 여름에 웃자라 꽃을 피운 다음 열매를 맺어요. 가을이 되면 누렇게 변하며 열매가 무르익지요. 벼의 열매가 바로 쌀이에요. 열매인 쌀이 무르익었을 때 벼의 생명도 거의 다한답니다. 벼는 한해살이풀이라서 한 해를 살고 나면 누렇게 말라 죽어요. 그래서 가을이 되면 논은 황금빛으로 물들어 출렁이지요.

풀에는 쌀, 보리처럼 한 해밖에 못 사는 한해살이풀과 여러 해를 살 수 있는 여러해살이풀이 있어요. 여러해살이풀은 추운 겨울에 잎과 줄기는 말라죽고 뿌리만 살아남아 있다가 봄에 다시 싹을 틔워요. 달맞이꽃, 민들레, 로즈마리 등이 여기에 속한답니다.

비슷한 속담

병에 가득 찬 물은 저어도 소리가 나지 않는다
병에 물이 반만 차 있을 때에는 저으면 소리가 잘 나지만, 병에 물이 가득 차 있으면 저어도 소리가 잘 나지 않아요. 많이 알고 수양을 깊이 쌓은 사람일수록 요란하게 잘난 척하지 않는답니다.

씨를 뿌리면 거두게 마련이다

화단에 꽃씨를 뿌리면 며칠이 지나 싹이 터요. 푸릇푸릇 잎을 틔우고, 쑥쑥 자라 예쁜 꽃을 피우지요. 꽃이 지고 나면 또 예쁜 꽃씨를 얻을 수 있어요. 과일이든 곡식이든 씨를 뿌리면 싹이 트고, 꽃이 피고, 열매가 맺혀요. 하지만 씨를 뿌리지 않으면 아무 열매도 얻을 수 없지요.

이 속담은 일을 하지 않으면 어떤 보람이나 결과도 얻을 수 없지만, 일을 하면 반드시 그만큼 보람과 결과를 얻을 수 있다는 뜻이랍니다.

상식 씨앗이 싹트려면 무엇이 필요한가요?

씨앗이 싹트기 위해서는 꼭 필요한 세 가지가 있어요. 첫째, 물이에요. 물이 없으면 씨앗은 뿌리를 내릴 수 없답니다. 둘째, 양분이에요. 뿌리는 땅속의 양분을 맛있게 먹고 잎을 틔워요. 셋째, 햇빛이에요. 햇빛이 잎을 따뜻하게 비추면, 잎은 햇빛에 들어 있는 빛에너지를 포도당으로 바꾸어요. 포도당은 식물이 자라는 데 에너지로 쓰이지요.

▲씨가 싹트려면 물, 양분, 햇빛이 꼭 필요해요.

잎이 빛에너지를 포도당으로 바꾸는 과정을 광합성이라고 해요. 잎은 광합성을 해서 포도당뿐 아니라 사람과 동물 등 지구의 살아 있는 생명체에게 꼭 필요한 산소를 만들어 내지요. 식물이 잘 자라기 위해서는 적당한 물과 양분, 햇빛, 이 세 가지가 꼭 필요하답니다.

비슷한 속담

구름이 자주 끼면 비가 온다
구름은 아주 작은 물방울 알갱이로 이루어져 있어요. 먹구름이 끼는 것은 비가 올 징조랍니다. 어떤 일이든 일정한 징조가 있으면 그에 따르는 결과가 있게 마련이라는 뜻이에요.

윗물이 맑아야 아랫물이 맑다

자연현상

윗물과 아랫물은 이어져 있어요. 윗물이 깨끗하면 아랫물도 깨끗하고, 윗물이 더러우면 아랫물도 더러울 수밖에 없지요.

"윗물이 맑아야 아랫물이 맑다."라는 속담은 모범이 되는 윗사람이 잘해야 아랫사람도 따라서 잘하게 된다는 뜻을 가지고 있어요.

 ## 자연은 스스로 깨끗해진다고요?

옛날에는 마을에 졸졸 흐르는 개천의 물이 워낙 깨끗해 그냥 마셔도 될 정도였어요. 그런데 요즘에는 깨끗한 물을 좀처럼 찾기 어려워요. 가정에서 일상생활에 쓰는 생활용수, 공장에서 흘러나오는 폐수, 가축을

▲맑은 물이 흐르는 계곡이에요.

키울 때 생기는 오염수 등이 하천과 강과 바다를 오염시키고 있거든요.

사실, 자연은 스스로 깨끗해지는 자연정화의 힘을 가지고 있어요. 더러운 것이 물에 들어오면, 물속에 사는 미생물 등의 활동으로 물이 점차 깨끗해지지요. 그런데 오늘날 버려지는 오염물은 자연이 스스로 정화시킬 수 있는 양보다 훨씬 더 많아요. 그래서 각 가정에서는 쓰레기를 줄이려고 노력하고, 재활용할 수 있는 것은 따로 모으는 등 자연을 지키기 위해 노력하고 있지요. 기업에서도 더러워진 폐수를 정화하는 정화 시설을 설치해 물의 오염을 줄이기 위해 애쓰고 있답니다.

비슷한 속담

부모가 착해야 효자 난다
부모님을 극진히 모시는 부부의 아이는 이 모습을 보고 배워요. 아이는 부모의 모습을 보며 자라고, 부모의 행동에 많은 영향을 받지요. 그러니 부모가 착해야 자식도 부모를 따라 효자가 된다는 뜻이에요.

145

장마 때 홍수 밀려오듯

자, 방학 때 겪었던 일을 발표해 보자. 누가 할래?

저요! 저요

그래, 똥구가 말해 봐.

방학 때 겪은 너무도 무서웠던 일을 말씀드릴게요.

오오

엄마랑 손님이 하나도 없는 백화점 매장에서 옷을 고르고 있었어요.

오오

그때, 직원이 무섭게 웃으며 뭐라고 했어요. 그러자 엄마가 저에게 외쳤어요!

?

똥구야! 엄마 손 꼭 잡아!

사람들이 장마 때 홍수 밀려오듯 무섭게 소리를 지르며 뛰어왔어요!

우르르르~

크아아아~

?

그 점원이 뭐라고 말했기에 그런 거야?

후~ 그건

무서워 무서워

"50퍼센트 세일입니다!"라고 하더군요. 세일은 무서운 거였어요. 후….

앉아라.

여름 장마철에는 한꺼번에 많은 비가 쏟아져서 강물이 넘치기도 하고, 하수구가 거꾸로 솟아올라 도로가 잠기기도 하고, 불어난 물에 낮은 곳에 있는 집이 물에 잠기는 등 홍수가 일어나기도 해요. 비로 물러진 산비탈의 흙이 쏟아지는 산사태가 나기도 하지요.

이 속담은 갑자기 물이 불어나 밀려오는 홍수처럼, 무엇이든 갑자기 불어나 밀려오는 경우를 가리킬 때 쓰는 속담이에요.

 홍수는 나쁜 건가요?

홍수는 강의 물이 불어나 넘치는 것을 말해요. 여름 장마철이 되면 보통 때보다 비가 훨씬 많이 내려 어떤 때에는 강물이 넘치기도 하지요. 홍수 때 흐르는 물은 무척 힘이 세서 휩쓸리면 빠져나오기가 무척 어려워요. 홍수로 죽는 사람들도 있어요.

그렇지만 홍수가 꼭 나쁜 것만은 아니랍니다. 이집트는 나일 강 주변의 범람원 덕분에 발전한 나라예요. 범람원은 홍수가 날 때 하천 주변으로 물이 넘치면서 옮겨 온 흙이 쌓여 만들어진 평야이지요. 이런 평야는 땅이 기름져 먼옛날부터 농경지로 이용되어 왔어요. 사막의 이집트가 강한 나라가 될 수 있었던 것은 나일 강과 비옥해서 농사가 잘되는 범람원 덕분이었답니다.

비슷한 속담

돌개바람에 먼지 날리듯

돌개바람은 갑자기 생겨나는 회오리바람이에요. 갑자기 생겨난 돌개바람에 주변의 모든 것이 사라지듯, 갑자기 모든 것이 무너지거나 사라질 때 이 속담을 써요.

8 동물에 대한 속담

개구리 올챙이 적 생각 못 한다

거미도 줄을 쳐야 벌레를 잡는다

구렁이 담 넘어가듯

굼벵이도 구부리는 재주가 있다

낮말은 새가 듣고 밤말은 쥐가 듣는다

맑은 물에 고기 안 논다

메뚜기도 여름이 한철이다

자라 보고 놀란 가슴, 솥뚜껑 보고 놀란다

제비는 작아도 강남 간다

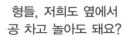

개구리 올챙이 적 생각 못 한다

개구리는 어릴 때에는 올챙이 상태로 물속을 헤엄쳐 다니며 먹이를 잡아먹고 살아요. 그렇게 자라 뒷다리와 앞다리가 생기고 어른 개구리가 되어 뭍으로 나가지요. 개구리는 물속과 물 밖 모두 자유롭게 다닐 수 있어요. 그런데 개구리가 올챙이 적 생각 못 하고 물고기를 보며 "쯧쯧, 저 녀석들은 나처럼 밖으로 나오지 못하고 물속에서밖에 못 살지." 하며 무시한다면 어떨까요?

이 속담은 전에 비해 형편이 좋아진 사람이 어려웠던 지난날을 생각하지 않고, 처음부터 잘났다는 듯 뽐내는 것을 뜻하는 말이에요.

 상식 개구리가 변태를 한다고요?

많은 동물은 사람과 달리 자라는 과정에서 큰 변화를 거쳐요. 그래서 어릴 때 모습과 성장했을 때 모습이 전혀 다른 동물이 많지요. 양서류인 개구리는 어릴 때에는 올챙이 모습이에요. 올챙이는 아가미를 가진 수중 생물이지요. 그러다 자라면 아가미로 숨 쉬는 대신 폐로 숨을 쉬고, 다리가 생겨 육지에서 펄쩍펄쩍 뛰어다녀요. 곤충도 변해요. 나비는 애벌레로 있으면서 껍질을 몇 차례 벗으며 자라서 번데기가 되고, 번데기 시기를 지나 나비가 되지요. 잠자리는 물속에서 아가미로 숨을 쉬며 살다가 다 자라면 물 밖으로 나와 하늘을 날아다녀요.
이처럼 성장하는 과정에서 커다란 형태 변화를 거쳐 어른이 되는 것을 '변태'라고 해요.

▲올챙이

▲개구리

비슷한 속담

복 속에서 복을 모른다
지금의 행복을 당연하게 여기고 그 안에 젖어 있으면, 지난날 힘들었던 시절에 비하면 지금이 얼마나 행복한지 잊어버리게 된다는 뜻이에요.

거미도 줄을 쳐야 벌레를 잡는다

어부가 배에 가만히 누워 있으면 물고기가 저절로 배 위로 뛰어 올라올까요? 농부가 아무것도 안 하고 앉아 있으면 씨앗들이 스스로 밭으로 걸어갈까요? 이런 일은 생기지 않는답니다. 물고기를 잡으려면 강이나 바다에 그물을 쳐야 하고, 농작물을 수확하려면 논이나 밭에 씨를 뿌려야 해요.

세상의 모든 일이 이와 같아요. 거미가 벌레를 잡으려면 거미줄을 쳐야 하고, 개구리가 파리를 잡으려면 사냥을 해야 하지요. 이 속담은 원하는 결과를 얻으려면 그만큼 노력이 필요하다는 뜻의 속담이랍니다.

상식 거미가 거미줄로 하늘을 난다고요?

거미는 재미난 절지 동물이에요. 다리가 8개나 되고, 꽁무니에 있는 실돌기에서 실을 뽑아 거미줄을 치지요. 거미는 거미줄에 작은 곤충이 걸리면 꼼짝 못 하게 돌돌 만 다음 콱 물어서 죽여요. 그런 다음 식사를 하지요.

▲거미

거미는 거미줄로 다양한 일을 해요. 그물 만들기, 곤충 잡기 그리고 비행하기! 거미는 멀리 이동할 때면 풀이나 나무, 꽃잎 등 높은 곳으로 기어 올라가요. 그리고 배 끝을 쳐들고 다리 8개로 발돋움해 쭉 뻗고서는, 실돌기에서 수십 가닥의 거미줄을 하늘로 뽑아 올려요. 거미줄은 바람을 타고 오르며 거미를 하늘로 띄워 주지요. 거미는 자기가 뽑은 거미줄에 매달려 하늘을 날아 이동한답니다. 이 같은 거미들의 이동을 '유사 비행'이라고 해요.

비슷한 속담

방죽을 파야 개구리가 뛰어들지
방죽은 물이 고일 수 있도록 파 놓은 곳이에요. 방죽을 파 물이 고이도록 준비를 해 놓아야 개구리가 물을 찾아 뛰어드는 법이지요. 무슨 일을 하든 그에 필요한 준비를 단단히 하고 있어야 그에 맞는 결과를 얻을 수 있다는 뜻이에요.

구렁이 담 넘어가듯

구렁이는 옛날 초가집이나 길가의 돌담, 방죽, 돌 틈에 살며 사람들과 가까이 지냈어요. 우리 조상들은 구렁이가 재산을 지켜 준다고 믿어 집 안에 들어온 구렁이를 해치지 않고, 모시고 제사를 지내기까지 했어요. 그래서 구렁이에 얽힌 옛이야기도 많답니다.

구렁이는 담을 스르륵 자연스럽게 넘어가지요. 이 속담은 구렁이가 담을 넘어가는 모양에 빗대어, 일을 딱 부러지게 잘 처리하지 않고 슬그머니 넘어가는 것을 나타내는 속담이에요.

▲비단뱀

 뱀은 얼마나 길까요?

우리나라에 사는 구렁이의 길이는 보통 1~2미터 정도예요. 구렁이는 주로 쥐처럼 작은 동물을 잡아먹고 살며 뱀 가운데 아주 큰 편은 아니에요. 중남아메리카에 살고 있는 보아뱀은 길이가 2~5미터 정도나 된답니다. 보통은 쥐를 잡아먹지만 때로는 쥐보다 조금 더 큰 동물을 잡아 먹기도 해요.

이보다 더 긴 뱀도 있어요. 비단구렁이(비단뱀)는 작은 종류가 길이 1미터 정도, 큰 종류가 6~10미터 정도나 돼요. 커다란 비단구렁이는 사슴이나 새, 쥐 등을 잡아먹고 살아요. 오스트레일리아, 인도, 말레이시아, 필리핀 등 따뜻한 열대 우림에서 주로 살지요.

비슷한 속담

메기 등에 뱀장어 넘어가듯
미끌미끌한 뱀장어가 메기 등을 스르 알게 모르게 넘어가듯, 어떤 일을 분명하게 처리하지 않고 스리슬쩍 넘어가는 모양을 뜻해요.

굼벵이도 구부리는 재주가 있다

굼벵이는 매미, 풍뎅이, 하늘소 등의 애벌레로 누에와 비슷하게 생겼어요. 누에보다 길이가 짧고 통통하지요. 굼벵이는 생김새를 보면 알 수 있듯 움직임이 매우 느려요. 그래서 사람들은 행동이 느린 사람이나 사물을 보면 종종 "아유, 굼벵이 같네." 하고 말한답니다.

이 속담은 느려터진 굼벵이에게도 구부리는 재주가 있듯, 아무리 능력 없는 사람도 한 가지 재주는 가지고 있음을 뜻하는 말이에요.

 신기한 곤충의 재주를 알아볼까요?

굼벵이에게는 구부리는 재주가 있는데, 다른 곤충들에게는 어떤 재주가 있을까요?

쇠똥구리는 소, 말, 사람의 똥을 뒷발로 둥글게 빚어 땅속의 굴까지 굴려간 뒤 똥 속에 알을 낳아요. 자벌레는 마치 자로 길이를 재는 것처럼 기어가고, 바구미는 죽은 척하기를 기막히게 잘해요. 누에는 부드러운 명주실을 만들어 내고, 소금쟁이는 물 한 방울 묻히지 않고 물 위를 걸어요. 물거미는 물속 수초 틈에 공기 주머니를 만들어 놓고 그 속에서 먹이를 기다리거나 잡은 먹이를 먹지요. 도롱이벌레는 온몸에 지푸라기나 나무껍질을 붙여 위장을 해요. 그 모습이 옛날 우리 조상들이 비가 올 때 걸쳐 입던 비옷인 '도롱이'를 닮았답니다.

비슷한 속담

우렁이도 두렁 넘을 꾀가 있다
우렁이는 발도 없는 느림보이지만, 가진 재주로 논밭의 가장자리에 흙을 쌓아 만든 두렁을 넘을 수 있어요. 아무리 어리석고 못난 사람이라도 한 가지 재주는 가지고 있다는 뜻이에요.

낮말은 새가 듣고 밤말은 쥐가 듣는다

158

새들은 대부분 낮에 활동하는 주행성이에요. 밤에 활동하는 새도 있지만 대부분의 새들은 낮에 날아다니며 활동을 해요. 쥐는 밤에 활동하는 야행성이에요. 밤이 되면 신 나게 돌아다니지요. 이렇게 자유롭게 돌아다니는 새와 쥐의 귀를 피하기는 무척 어려워요.

이 속담은 아무리 조심해서 말을 해도 누군가 들을 수 있으므로 말조심을 해야 한다는 뜻이에요. 또한 아무리 비밀로 한 말이라도 한 번 뱉은 말은 남의 귀에 들어가게 되어 있다는 뜻도 가지고 있어요.

 주행성 동물과 야행성 동물에는 어떤 것들이 있을까요?

대부분의 새, 소, 말, 다람쥐 그리고 벌이나 나비 등의 곤충은 낮 동안에 활동하는 주행성 동물이에요. 이들은 해가 떨어진 밤에는 자고 해가 뜬 낮에는 먹이를 찾아 움직이지요.

야행성 동물에는 완전 야행성과 반 야행성이 있어요. 완전 야행성으로는 올빼미, 안경원숭이, 박쥐 등이 있지요. 이들은 주행성 동물과 반대로 행동해요. 밤에 움직이며 먹이를 사냥하고, 낮에는 잠이 들어요. 이들의 몸은 밤에 활동하기 편리하도록 발달했어요. 완전 야행성인 박쥐는 초음파를 내보내 반사되는 소리를 귀로 들으며 깜깜한 하늘을 날고, 반딧불이는 발광 기관으로 밝은 빛을 낸답니다. 반 야행성으로는 개와 쥐 등이 있어요. 이들은 야행성이지만 밤뿐 아니라 낮에도 자유롭게 돌아 다니지요.

비슷한 속담

벽에도 귀가 있다
아무도 듣지 않을 거라고 생각하고 비밀 이야기를 할 때, 건너편 벽에 귀를 대고 있는 사람이 있을 수도 있어요. 세상에 비밀은 없기 때문에 경솔하게 말해서는 안 된다는 뜻이에요.

맑은 물에 고기 안 논다

동물

물이 맑으면 물고기들이 많을 것 같지요. 그러나 실제로 보면 물이 너무 맑은 곳에는 그만큼 먹을 만한 게 많지 않아 물고기가 모이지 않는답니다. 사람도 마찬가지예요. 한번 생각해 보세요. 친구가 실수를 하거나 잘못을 했을 때 그 잘못을 정확하고 깔끔하게 지적하면 친구의 기분이 좋을까요? 아니에요. 아무리 자기가 한 실수이지만, 기분 나쁘고 속상하겠지요.

"맑은 물에 고기 안 논다."라는 속담은 사람이 지나치게 깨끗하면 남이 따르지 않는다는 뜻이에요.

 깨끗한 물에는 어떤 물고기가 사나요?

가장 맑은 물의 등급은 1급이에요. 1급수는 아주 깨끗하고 그냥 마실 수 있는 물이에요. 금강모치, 버들치, 산천어, 열목어, 버들개 등은 깨끗한 1급수에서만 사는 생물이에요.

2급수는 마시지는 못하지만 목욕할 수 있는 물이에요. 쉬리, 갈겨니, 은어, 돌고기 등이 2급수에서 살아요.

3급수는 황갈색의 탁한 물로 목욕하기는 어렵지만 빨래 정도는 할 수 있어요. 붕어, 잉어, 미꾸라지, 뱀장어, 메기 등이 3급수에서 살지요.

4급수는 물빛이 탁하고 나쁜 냄새가 나요. 수돗물로 쓸 수도 없고, 물고기도 살 수 없어요. 이곳에 사는 생물은 실지렁이, 거머리, 깔따구 등이랍니다.

비슷한 속담

청백리 똥구멍은 송곳 부리 같다
옛날에는 재물에 대한 욕심 없이 곧고 깨끗한 관리를 청백리라고 했어요. 청백리 집안은 워낙 제 욕심을 차리지 않았기에 재물을 모으지 못해 가난했지요. 이 속담은 "청백리는 제대로 먹지 못해 똥구멍이 송곳 부리처럼 되겠다."라는 말이에요. 너무나 청백해서 재물을 모으지 못해 무척 가난하다는 뜻이지요.

메뚜기도 여름이 한철이다

동물

162

메뚜기는 6월이 되면 눈에 많이 띄어요. 풀이 우거진 곳을 걷다 보면 폴짝폴짝 뛰어다니는 메뚜기를 쉽게 볼 수 있지요. 그러다가 여름, 가을이 지나면 메뚜기는 대부분 사라져요.

▲메뚜기

이 속담은 제때를 만나 폴짝거리는 메뚜기에 빗대어, 사람이 자기 세상을 만난 양 한창 날뛰어 대는 것을 뜻하는 속담이에요. 또한 누구에게나 전성기가 있고, 그 전성기가 짧음을 빗대어 풍자하는 말로도 쓰여요. 전성기란 형편이나 세력, 힘 등이 한창 크고 왕성한 시기를 뜻하는 말이지요.

 벌레들은 어떻게 소리를 낼까요?

메뚜기와 귀뚜라미 등 곤충은 사람처럼 입으로 소리를 내는 게 아니라 몸의 기관을 마찰해 소리를 내요. 메뚜기는 뒷다리의 넓적다리 마디에 긁히는 판과 같은 기관을 가지고 있어서, 뒷다리를 앞날개에 비벼 소리를 내요. 귀뚜라미와 여치는 양쪽 앞날개의 밑 부분에 있는 빨래판과 같은 기관을 서로 문질러 소리를 내지요.

풀무치는 낮에만 울고 베짱이와 귀뚜라미는 대부분 밤에 울어요. 밤낮을 따지지 않고 우는 곤충도 많이 있어요. 대부분의 곤충은 수컷이 소리를 내어 암컷을 불러요.

비슷한 속담

뻐꾸기도 유월이 한철이다
뻐꾸기는 우리나라의 대표적인 철새로, 봄에 남쪽에서 날아와 번식하고 가을에 다시 남쪽으로 날아가는 여름 철새예요. 그래서 뻐꾸기 소리는 여름에 한창 들을 수 있지요. 뻐꾸기가 유월이 한철이듯, 누구나 잘나갈 때가 있지만 그 시기는 짧다는 뜻이에요.

동물

자라 보고 놀란 가슴, 솥뚜껑 보고 놀란다

오늘 귀신 영화하잖아. 그거 보면서 먹자.

그래, 난 귀신 하나도 안 무서워.

으아, 귀신이다!

으아아! 뭐, 뭐야? 놀랐잖아.

귀신 안 무섭다더니 완전히 겁내는 것 봐.

조금 놀란 것뿐이거든? 화장실이나 가야겠다!

으아아~

귀신! 귀신이 나타났다!

뭐야! 왜 그래, 똥구야?

화장실 가는데 자꾸 옆에서 하얀 게 쫓아오잖아. 분명 귀신이야, 그렇지?

똥구야…. 혹시 네 눈 옆에 붙은 밥풀 보고 놀란 것 아니야?

자라 보고 놀란 가슴, 솥뚜껑 보고 놀란다더니….

제발 비밀로 해 줘.

밑바닥이 개흙으로 된 하천이나 연못에 살고 있는 자라는 거북과 비슷하게 생긴 동물이에요. 자라는 일단 물면 물에 다시 들어갈 때까지 절대로 입을 열지 않아요. 그래서 한 번 물리면 정말 아파요. 자라에 물려 몹시 놀란 사람은 비슷하게 생긴 솥뚜껑만 봐도 놀라게 되지요.

이 속담은 어떤 사물에 크게 놀란 사람은 비슷하게 생긴 다른 사물을 보기만 해도 놀라 겁을 내게 된다는 뜻이에요.

 자라와 거북은 어떻게 다른가요?

자라와 거북은 메뚜기와 귀뚜라미, 나비와 나방처럼 아주 비슷하고도 가까운 사이예요. 거북의 등딱지는 무늬가 선명할 뿐 아니라 무척 튼튼하고 딱딱해요. 대부분의 거북은 배딱지도 튼튼하답니다. 거북은 머리를 딱지 속으로 완전히 넣을 수 있는 종과, 머리가 딱지 속에 들어가지 않는 종으로 나뉘어요. 주둥이는 뭉툭하고 짧은 편이에요. 몇몇 바다거북은 바다에서 살지만 많은 거북이 강이나 못, 늪 등의 물에 살며 육지에서도 살지요.

자라는 부드럽고 납작한 등딱지를 가지고 있어요. 배딱지는 약간 굴곡져 있고, 머리와 목을 딱지 속으로 완전히 집어넣을 수 있지요. 주둥이 끝은 가늘게 튀어나와 있고 발가락 사이에는 물갈퀴가 있답니다. 알을 낳을 때 빼고는 육지로 거의 나오는 법이 없고, 밑바닥이 개흙으로 된 하천이나 연못에 살아요.

비슷한 속담

더위 먹은 소, 달만 보아도 헐떡인다
더운 여름날 쨍쨍한 햇볕 아래서 일하느라 헐떡헐떡 더위에 지친 소는, 해와 비슷한 보름달만 보고도 놀라고 겁이 나 헐떡인다는 뜻이에요.

제비는 작아도 강남 간다

제비는 참새보다 약간 큰 조그만 새이지만, 먼 거리를 이동할 수 있어요. 봄에 우리나라에 날아와 알을 낳고 새끼를 기르다가, 가을이 되면 더 따뜻한 곳을 찾아 남쪽으로 멀리까지 날아간답니다.

이 속담의 '강남'은 정확한 지명이 아니라 남쪽의 먼 곳을 가리키는 말이에요. 제비가 몸집은 작아도 먼 강남까지 힘차게 날아가듯, 몸집 작은 사람이 뛰어나고 야무지게 제 할 일을 다 한다는 뜻을 가진 속담이에요.

 여름 철새, 겨울 철새, 나그네새, 텃새가 있다고요?

제비는 여름 철새예요. 여름 철새는 이른 봄에 우리나라로 와 알을 낳고, 겨울을 나기 위해 가을에 새끼들과 따뜻한 남쪽으로 떠나는 새예요. 두견이, 백로, 뻐꾸기, 후투티, 파랑새, 물총새, 솔부엉이, 꾀꼬리 등이 있어요.

겨울 철새는 가을에 북쪽으로 날아가 알을 낳고, 남쪽으로 다시 내려오는 새 가운데 우리나라에서 겨울을 지내는 새예요. 기러기, 고니, 두루미, 쑥새, 논병아리, 콩새, 기러기, 독수리 등이 있어요.

나그네새는 북쪽에서 번식하고 가을에 우리나라를 거쳐 더 남쪽으로 내려가 겨울을 지낸 뒤, 이듬해 봄에 또 우리나라를 거쳐 북쪽의 번식지로 가는 새예요. 우리나라를 봄과 가을에 지나기 때문에 통과조라고도 해요. 도요, 물떼새, 제비갈매기 등이 있어요.

마지막으로 텃새는 한곳에 머물러 사는 새예요. 참새, 까치, 까마귀, 박새, 올빼미, 꿩 등이 우리나라의 텃새랍니다.

비슷한 속담

후추는 작아도 맵다
후추 알은 아주 작지만 조금만 먹어도 매워요. 몸집이 작은 사람이 몸집이 큰 사람보다 똑똑하고 뛰어나 훌륭하게 일을 할 때 이 속담을 쓴답니다.

사진 출처

사단법인 크리에이티브 커먼즈 코리아 CC

P.35(달걀, John Loo) | P.37(겨, Lincolnian(Brian)-BUSY, BACK SOON) | P.51(메주, shjeon) | P.55(낫, net_efekt) | P.67(우물, Rajin Patel) | P.85(DNA 지도, andylepp) | P.119(모닥불, thievingjoker) | P.127(완두콩밥, anasararojas) | P.133(이끼, James Qualtrough) | P.137(번개, Leszek.Leszczynski) | P.145(계곡, pcamp)

포토파크

P.107(돼지) | P.143(새싹) | P.153(거미) | P.155(비단뱀) | P.163(메뚜기)

위키백과

P.27(백열전구, Gluehlampe_01_KMJ)

서울시립박물관

P.57[나무등잔, 서울시립(서울市立)서(서울市立)3483] | P.59[인두, 서울시립(서울市立)서(서울市立)4384]

공부가 재미있어지는 **교과서 속담**

2012년 2월 5일 1판 1쇄 발행
2017년 1월 30일 1판 4쇄 발행

글 오주영 | 그림 이소
펴낸이 문제천 | 펴낸곳 (주)은하수미디어
편집장 김은영 | 편집책임 오숙희 | 편집 임소현
디자인책임 문미라 | 디자인 이수진 김효정
편집진행 김혜영 | 디자인외주 이재경 | 제작책임 이남수
주소 서울시 송파구 문정1동 21-5 에코타워 4층
대표전화 (02)449-2701 | 편집부 (02)3402-1386
팩스 (02)404-8768
출판등록 제22-590호 (2000. 7. 10.)
홈페이지 www.ieunhasoo.com

ⓒ 2012 Eunhasoo Media Publishing Co., Ltd.